只有不会教的父母
没有管不好的孩子

晏良云 编著

国家一级出版社　中国纺织出版社　全国百佳图书出版单位

内 容 提 要

如何才能管教好孩子，让孩子如同父母所期望的那样成长，在各个方面都出类拔萃，这是每个父母都关心的问题。然而，教养育孩子绝不是简简单单、能够一蹴而就的事情，父母必须把其作为毕生最伟大的事业，坚持学习，与孩子共同进步，才能与时俱进，给予孩子最好的教养。

本书列举了一些父母在养育孩子的过程中容易进入的误区，也结合孩子的身心发展特点给予父母卓有成效的指导，告诉每一个父母，要想养育出好孩子，除了要有理论知识作为指导之外，更要以孩子为本，才能有的放矢给予不同的孩子最好的教育和指导。

图书在版编目（CIP）数据

只有不会教的父母，没有管不好的孩子 / 晏良云编著 .—北京：中国纺织出版社，2019.4
ISBN 978-7-5180-6042-9

Ⅰ.①只… Ⅱ.①晏… Ⅲ.①家庭教育 Ⅳ.①G78

中国版本图书馆CIP数据核字（2019）第051891号

责任编辑：闫 星　　特约编辑：李 杨　　责任印制：储志伟

中国纺织出版社出版发行
地址：北京市朝阳区百子湾东里A407号楼　邮政编码：100124
销售电话：010—67004422　传真：010—87155801
http：//www.c-textilep.com
E-mail：faxing@c-textilep.com
中国纺织出版社天猫旗舰店
官方微博http：//weibo.com/2119887771
三河市宏盛印务有限公司印刷　各地新华书店经销
2019年4月第1版第1次印刷
开本：710×1000　1/16　印张：13
字数：138千字　定价：39.80元

凡购本书，如有缺页、倒页、脱页，由本社图书营销中心调换

前言

在养育孩子方面，很多父母都陷入误区，即觉得孩子就是流水线上整齐划一的产品，每个孩子都应该一模一样地优秀。还有一些父母认为孩子就是机器，只要给孩子加油，让孩子充满能量，孩子总能不知疲倦地奔跑。毫无疑问，这样的想法都是大错特错的。因为孩子既不是产品，也不是机器，而是活生生的人，是有血有肉有独立个性的生命个体。

遗憾的是，即便只是生产最简单的产品，工人在上岗之前也会接受相关的培训，从而掌握与生产水平相对应的技能，然而，作为父母要从事世界上最伟大的事业，却从未接受过任何培训。每个父母都是不折不扣的新手，不但对于第一次有孩子的父母而言如此，对于那些已经有过孩子，而且亲自抚养孩子成长的父母也是如此。看到这里，也许有些父母会感到纳闷：新手父母当然毫无经验，但是那些已经养育孩子的父母，怎么可能没有经验呢？辛辛苦苦养大孩子的经历刻骨铭心，可不是那么轻易就能遗忘的。的确，曾经养育孩子的经验还深刻地镌刻在父母的心里，但是他们所面对的孩子再也不是曾经的孩子。每个孩子都是这个世界上独一无二的生命个体，不管他们是不同的母亲养育出来的，还是一母同胞，甚至是同卵双胞胎，都会存在巨大的不同，这就是生命的神奇之处。

从这个角度来看，作为父母，不管是否曾经有过养育孩子的经验，在面对崭新的小生命时，都不要盲目轻敌，因为你不知道这个小生命将会带给你多少惊喜，又将会给你带来多少惊吓。你必须打起十二分的精神，既照顾他的吃喝拉撒，也随时防备着他以各种形式挑战你作为父母的心。

现代社会很浮躁，这是因为生活节奏越来越快，工作压力越来越大，很多人都不知道如何做才能拥有成功的人生。作为父母，千万不要以"成功"这两个简简单单的字就定义自己的人生，也不要以"成功"这两个简简单单的字就期许孩子的人生。每个人都是自己生命的主宰，孩子也拥有对自己生命的最终决定权，所以父母不要在有遗憾的人生里，把孩子当成是父母梦想的继承人，更不要强迫孩子接过父母成功的火炬，成为一个只知道奔跑的火炬手。孩子有自己的思想，有自己的人生感悟，自然有权决定完全属于自己的人生，每一个父母都要认清楚这一点，才能真正做到尊重孩子，平等对待孩子，也才能与孩子之间建立良好的亲子关系，建立深厚的感情。

当然，作为父母也不要忘记，家庭是孩子生存和成长的土壤，父母是孩子在这个世界上最信任和最依赖的人。父母当然可以为孩子提供各种各样优越的成长条件，但是对于孩子而言，再多的金钱和物质，也无法替代父母在他们成长中的作用，更无法弥补他们缺失的父母之爱。所以父母可以忙于工作，也可以拼尽全力为了这个家奔波忙碌，还可以把感情视为夫妻之间的事情去处理，唯独不要忘记在你们的生命之中有一个重要的存在，那就是孩子。唯有肩负起对孩子的重任，父母才是合格的父母，也唯有肩负起对孩子成长的责任，父母才是优秀的父母。

爸爸妈妈们，从这个称谓属于你们的那一刻，就努力吧，相信自己满含着对孩子的爱，一定能够做到最好！让孩子在爱与自由中健康地成长，应该是你们毕生追求的最伟大的目标！

编著者
2018年6月

目 录

第01章 不是孩子不好管，是你的方法不对 ‖001

　　掌握正确的方法，教育事半功倍 ‖002
　　孩子的成长需要健康的环境 ‖004
　　深入了解孩子，教育才能顺利展开 ‖008
　　爱和自由，是给孩子的最好礼物 ‖011
　　针对孩子，教育因人制宜 ‖014
　　为孩子树立积极的人生榜样 ‖017

第02章 任何有效管教，都建立在良好的亲子关系基础之上 ‖021

　　彼此相爱，是父母送给孩子的最好礼物 ‖022
　　父母要像对待朋友一样对待孩子 ‖024
　　教育，就是要对孩子换位思考 ‖028
　　友好的氛围有助于亲子沟通 ‖031
　　父母也可以向孩子吐露心声 ‖034
　　孩子正是在错误中成长的 ‖037

第03章 孩子需要多激励，父母不要吝啬你的赏识 ‖041

　　毫不吝啬地夸赞孩子 ‖042
　　当着他人的面夸赞孩子 ‖044
　　发现孩子的小小进步，及时给予肯定 ‖048

肯定孩子，才能激励孩子 ‖051

不要否定孩子的人生 ‖053

孩子不是用来比较的 ‖056

多多赞美，孩子才会主动改善缺点 ‖058

第04章 接纳孩子的不完美，别让你的要求成为孩子的负担 ‖061

爱要适度，不要变成对孩子的束缚和负担 ‖062

适度引导和控制孩子，才是对孩子真正的爱 ‖065

孩子未必需要父母不分青红皂白的爱 ‖067

孩子是不完美的天使 ‖071

对孩子的爱不要有条件 ‖073

物质不能弥补父母对孩子爱的缺失 ‖077

第05章 教会孩子独立，让孩子学着自己解决成长中的问题 ‖081

民主的氛围更适合孩子成长 ‖082

孩子需要属于自己的空间和时间 ‖085

孩子有权利发表言论 ‖087

孩子要学会独立作出选择 ‖091

放手，是对孩子最好的爱 ‖093

第06章 培养孩子好品德，教会孩子谦恭孝悌和感恩 ‖097

心怀大爱，人生才更幸福快乐 ‖098

满招损谦受益，让孩子学会谦虚 ‖100

孝敬父母，是中华民族的传统美德 ‖102

感恩之心，让孩子更知足 ‖105

学会承担责任，意味着孩子真正长大 ‖108

赠人玫瑰，手有余香 ‖112

第07章 关注孩子的心理需求，帮助孩子进行心理修正 ‖115

不能让孩子成为学习的机器 ‖116

早恋不是洪水猛兽，关键在于恰当的引导 ‖119

不虚荣，不攀比，孩子更从容快乐 ‖123

坚决拒绝孩子的任性妄为 ‖126

第08章 时刻谨记以身作则，父母的行为是孩子最好的榜样 ‖129

在孩子面前，父母一定要诚实 ‖130

不要以工作忙为借口忽视孩子 ‖133

酗酒的父母是孩子的噩梦 ‖136

管孩子的时候要控制好情绪 ‖139

孩子的第一次要求非常重要 ‖142

第09章 孩子身上的常见问题，要用对症的方法来解决 ‖147

尊重孩子，能有效缓解孩子的叛逆 ‖148

循序渐进，让孩子养成独立自主的好习惯 ‖151

孩子粗心，该怎么办 ‖155
过大的压力导致孩子厌学 ‖157
孩子为何撒谎，这很重要 ‖160
让孩子感受分享的乐趣 ‖163

第10章 管教孩子，家长一定要避免的误区 ‖167

对待孩子要温和友善 ‖168
孩子不是父母梦想的继承人 ‖171
牺牲自己，不是对孩子最好的爱 ‖173
教育不唠叨，孩子才能听得进去 ‖177
不要用成人的标准要求孩子 ‖180

第11章 尝试新鲜的教育法，不断完善自己的教育手段 ‖183

适度对孩子冷漠，锻造孩子坚强的心 ‖184
让孩子意识到恶习的严重后果 ‖187
用故事来告诉孩子深刻的道理 ‖189
兴趣，是孩子最好的老师 ‖192
看玩具，加深对孩子的了解 ‖194
不要让孩子"唯父母是图" ‖197

参考文献 ‖200

第01章

不是孩子不好管，是你的方法不对

现代职场，很多职业都需要持证上岗，或者上岗之前进行相关的专业技能培训，而作为生产最高精尖精密产品——孩子的父母，却都是无证上岗。他们之中有的自己还是个孩子，心智不够成熟，有的因为自身的性格缺陷，无法承担起养育孩子的重任……父母是孩子的第一任老师，孩子是父母的镜子，当父母发现孩子的成长出现问题，首先要做的不是抱怨孩子，而是反思自己。从本质上而言，不是孩子不好管，而是作为父母的教养方法不对。

掌握正确的方法，教育事半功倍

全天下的父母，除了机缘巧合者本身就是从事教育事业的之外，大多数父母对于教育都一窍不通。正如人们常说的，教育孩子、做父母，是每个人毕生之中最伟大的事业，这是因为孩子不同于现代工厂里流水线上的产品，孩子是积极灵动的，是复杂多变的，也是让父母抓耳挠腮，不知道怎么做才是最好的。越是面对孩子，父母越应该进行深刻的反思：凭着本能去教养孩子，真的能起到立竿见影的效果吗？答案是不能。

凭着本能去教养孩子，不但无法让孩子得到最好的对待，而且会因为父母的稀里糊涂导致孩子的成长也事倍功半，甚至事与愿违。所以，明智的父母绝不以为自己是天底下最优秀的父母，他们尽管深知自己的爱对于孩子而言无人能够替代，但是也深知自己的自以为是、狂妄自大、高压政策等性格的弊端和教育的劣势，给孩子带来了很大的困扰，甚至是伤害。在这种情况下，他们总是努力地反思自己，希望能够寻找到正确的教育方法，从而提升教育的效率，让教育事半功倍。

妈妈和乐乐的相处陷入困境，这是因为12岁的乐乐已经进入青春期，开始表现出叛逆，而妈妈总是脾气火爆，依然和以前一样对待乐乐，强制要求乐乐做各种事情。出乎妈妈的意料，不知道从何时开始，乐乐不再像以前一样对妈妈言听计从，而是动辄对妈妈歇斯底里，甚至有一次在和妈妈激烈争吵之后，还扬言要自杀，变成厉鬼来找妈妈算账呢！

听到这样的话，妈妈简直要气疯了。在无数次争吵之后，妈妈终于意识到问题也许并不全都出在乐乐身上，她开始反思自己。一直以来，妈妈都脾气暴躁，无形中给乐乐树立了不好的榜样，导致乐乐也变得性格暴戾，稍有不顺心就又叫又吼。而且，妈妈每次看到乐乐犯哪怕是小小的错误，也会马上不由分说地批评乐乐，这让已经长大的乐乐很难接受，当一个人的自尊心受到伤害，逆鳞被触动，他们还如何能够保持情绪的平静呢？为了改变这种状况，妈妈开始积极地寻求解决的办法，还报名参加了很多关于儿童教育的讲座。在一次听讲座的时候，教育专家告诉妈妈："要尊重孩子，尤其是对于青春期的孩子而言，一定要尊重和平等对待，让孩子觉得自己是被重视的，也可以发表自己的意见和看法。唯有如此，孩子才会寻求积极的方法解决问题，例如与父母之间进行友善的沟通，而不会总是对父母吹胡子瞪眼睛。实际上，一个人想要得到他人怎样的对待，自己首先要这样去对待他人，这个方法不仅适用于成人之间，也适用于父母和孩子之间。当你真的能够发自内心地尊重孩子，你与孩子之间的关系就会发生神奇的改变。"心理专家的一番话让妈妈茅塞顿开，妈妈这才意识到乐乐如今的表现与她对待乐乐的方式密切相关，为此她当即决定要寻找一种积极的方式与乐乐相处，也尽量维持好与乐乐之间的关系。

对于亲子关系，很多父母都存在误区，他们总觉得自己生养了孩子，因而就对孩子拥有决定权，也可以决定孩子的很多事情。殊不知，对于孩子而言，他们是独立的生命个体，有自己的思想和意识，随着渐渐地成长，他们不可能再像小时候一样对父母言听计从。从这个角度而言，他们的成长实际上就是在摆脱对父母的依赖，作为父母，要随着孩子的成长而不断地进步，调整自己的心态和意识，从而才能最大限度适应孩子的成长，也用心处理好与孩子之间的关系。

孩子就像是一块璞玉，只有最好的工匠才能把孩子雕刻成上等的美玉。每个父母都是望子成龙、望女成凤的，他们对于孩子拥有无限美好的憧憬和渴望，也希望孩子成为出类拔萃的、优秀的人。然而，当孩子不能按照他们所期望的那样成长，他们就会抱怨孩子"朽木不可雕也"。殊不知，孩子不是朽木，是因为父母没有掌握正确的方法和选择适宜的工具去雕琢孩子，才让孩子从一块璞玉变成了朽木。如果父母能够改变对待孩子的态度，也调整教育孩子的思路，那么孩子即使不是天生质地很好的美玉，也可以在父母的精雕细琢之下成为人中之杰。

孩子的成长需要健康的环境

胎儿在母亲的子宫里经历了十个月的漫长成长周期，在母亲的子宫里，他们享受着温暖和黑暗的环境，在羊水温柔的包裹中，他们觉得非常舒适而且安全。然而，十月怀胎，一朝分娩，当胎儿的成长到达一定的时间之后，他们就到了瓜熟蒂落的时候。从熟悉的生存环境一下子降生到冰冷而又嘈杂的人世间，孩子感到惊慌失措，因而大多数新生儿降临人世的时候都大声哭泣，似乎以此来宣告他们的不满。然而，很快他们就喜欢上新的生存环境，才出生几天的新生儿就会无意识地表现出笑容，这也许是他们开始接纳和热爱这个世界的表现吧。

新生儿最初降临的时候只能依靠父母的照顾才能生存，与此同时，作为新生儿在这个世界上最亲密无间的亲人，最值得依赖的人，父母对于新生儿的照顾堪称无微不至。正是在父母的精心照顾下，孩子才一天天成长起来。然而，也许大多数父母都会给孩子提供更加优越的物质条件，也非常关注孩子的学习和成长，却唯独忘记给孩子营造健康的成长环境。他们不知道，对于孩子而言，健康的成长环境至关重要，只有在健康的成长环境中，孩子才能自由地呼吸，才能快乐地成长。健康的成长环境对于孩子而言，就像是阳光、空气和水一样重要，对于孩子而言是绝不可少的，也会对孩子的成长起到至关重要的影响和作用。

老师发现，9岁的豆豆最近在学习上出现了很大的下滑，原本正在读三年级的豆豆学习成绩一直很稳定，位于班级十名左右，虽然不是尖子生，但乖巧懂事的她学习积极主动，按时完成作业，课堂上积极发言，是非常优秀的好学生。那么，豆豆的学习成绩为何严重下滑呢？老师看到豆豆在课堂上也常常注意力不集中，不由得着急起来，特意打电话给豆豆妈妈，让豆豆妈妈来学校里当面沟通。

和豆豆妈妈沟通之后，老师才知道最近豆豆的生活即将面临重大的改变。原来，豆豆爸爸移情别恋，最近正在和豆豆妈妈闹离婚，而豆豆妈妈为了豆豆，不想离婚，想给孩子一个完整的家。为此，豆豆妈妈和豆豆爸爸整天吵架，爸爸经常好几天都不回家，而一回到家里向豆豆妈妈提出离婚。在这样的情况下，豆豆根本没有心思学习，总是担心自己失去爸爸或者妈妈，也不知道要如何在爸爸妈妈之间做出选择。所以她才会在上课的时候一旦想起爸爸妈妈要离婚,也马上泪眼婆娑,陷入无尽的忧愁之中。得知原因,老师苦口婆心地劝说豆豆妈妈:"如果能挽回,给予孩子一个完整的家当然好,但是如果觉得真的过不下去了,为了孩子也要选择速战速决。单亲家庭对于孩子而言没有那么可怕,只要监护人给予孩子更多的爱和安全感,孩子照样可以健康成长。而如果勉强维持家庭的完整,却整日吵闹不休,让孩子稚嫩的心灵因为缺乏安全感而风雨飘摇,对于孩子而言是更大的伤害。"老师的一番话让妈妈陷入沉思,过了一会儿,妈妈才对老师说:"老师,谢谢您这么关心豆豆,您的话我会认真考虑的,也会尽快让豆豆的生活恢复正常。"老师欣慰地点点头。

在这个事例中,豆豆之所以心思很重,导致在学习上也面临巨大的压力,就是因为父母婚姻的变故。老师说得很有道理,如果不能维持婚姻的稳定和家庭的幸福,而勉强要与对方捆绑在一起,只会给孩子带来更深的伤害。所以有些父母为了孩子而继续维持婚姻,保持表面上的和谐,而有些父母为了减少对孩子的伤害选择悄悄地离婚,等到孩子长大了,承受能力更强的时候,再告诉孩子真相。最糟糕的选择就是有些父母打着为了孩子的旗号,彼此吵闹不休,争执不断,甚至大打出手,这样会给孩子带来更深的伤害,也会让孩子彻底失去安全感,影响孩子的成长。

有人说,父亲给孩子的最好礼物,就是爱孩子的妈妈。对于孩子而言,没有什么比和谐融洽的家庭环境更重要,也没有什么比爸爸爱妈妈的家更能够给他温暖。所以作为父母,一定要给孩子一个充满爱的家。除了为孩子营造温馨有爱的家庭环境外,父母在为孩子营造良好的成长环境时，还应该关注客观环境。例如，很多爸爸喜欢玩游戏，或者喜欢呼朋唤友来家里吃饭喝酒，这对于孩子的成长都是不利的。孩子原本就处于成长的关键时期，又缺乏自制力，因而很容易受到外界的诱惑，因而父母的放纵也会给孩子带来消极影响，导致孩子的成长遭遇困境。举例而言，如果父母规定家里每天晚上都要专门拿出一个小时的时间作为亲子阅读的时光，那么全家人就都要安安静静地坐在某个地方看书，孩子也能静下心来感受书中的内容和意境。反之，如果父母只顾着看电视、看电影，而只是一味地要求孩子必须静下心来读书，则孩子很难约束自己老老实实地看书，即使父母强迫他们也不会起到良好的效果。由此可见，环境的作用，父母言传身教的作用，对于孩子的影响很大，也间接决定了孩子将会做出怎样的表现。

总而言之，对于孩子来说，家庭环境是他们赖以生存的重要环境，尤其是对于年幼的孩子而言，他们大部分时间都在家庭中度过，因为父母的言行举止和整个家庭环境，对于他们的影响非常大。在这种情况下，父母一定要用心地为孩子营造良好的生存环境，从而真正为孩子支撑起一片能够让他们健康快乐成长的天空。古人云，染于苍则苍，染于黄则黄，这正告诉我们孩子的心灵就像是一张白纸，父母的着色往往会给孩子带来决定性的影响和作用。孩子唯有从小身心健康、心情愉悦地成长，长大之后才能与人为善，心灵健康。

深入了解孩子，教育才能顺利展开

人对于未知的事物总是怀着恐惧，所以不够了解孩子的父母，当发现孩子的成长超出他们的认知时，也会感到很恐惧，这种恐惧并不是害怕，而是源于对孩子的成长不能把握的失控感觉。每个父母都深爱孩子，然而不识庐山真面目，只缘身在此山中，父母未必真的了解自己从小养到大的孩子。偏偏很多父母意识不到这种情况，总觉得自己既然生养了孩子，就理所当然了解孩子，也理所应当能够为孩子做决定，甚至代替孩子做出选择。在这样先入为主、自以为是的观念中，父母忽略了孩子再也不是刚刚出生时那个肥白可爱的小生命，更不是在成长过程中什么都需要依赖父母的小小人儿，他们的自我意识开始发展，越来越熟悉和了解这个世界，所以他们不想再被父母指挥，更不愿意凡事都听取父母的意见。

在这种情况下，如果父母不能与时俱进地以发展的眼光看待孩子，而总是想要做孩子的主，甚至强迫孩子做不想做的事情，那么父母与孩子之间的关系就会越来越紧张，也会变得更加恶劣。在这种情况下，父母想要与孩子友好地相处，就会难上加难，甚至亲子之间还会发生各种各样的矛盾和争执，导致关系恶劣。作为父母，在与孩子的相处中相对处于主导的地位，为此一定要摆正心态，不要刻意地强制孩子，而要始终尊重和理解孩子，这样才能培养与孩子之间的良好关系，给予孩子最好的陪伴和对待。

一天，妈妈和豆豆一起去奶奶家里。路过一家水果店的时候，豆豆看到新鲜上市的西瓜，因而请求妈妈给他买个大西瓜。妈妈有些不乐意，对豆豆说："这个西瓜很重，咱们俩抱着太费劲了，等到爸爸在的时候再买，爸爸是大力士，可以帮咱们提着西瓜，好不好？"然而，豆豆却不愿意顺从妈妈，坚持要吃西瓜，还向妈妈保证他也会帮忙提着西瓜的。妈妈拗不过豆豆，只好买了一个大西瓜。

一路上，豆豆和妈妈交换着提西瓜，妈妈感到累了，就会抱怨豆豆："你这个孩子可真是馋嘴猫，晚一天吃西瓜都不行，害得我累死了。"妈妈和豆豆好不容易才气喘吁吁地来到奶奶家里。一见到奶奶，豆豆马上高兴地对奶奶说："奶奶，我和妈妈给你买西瓜了。"妈妈暗暗想道：这个家伙可真是会哄人，不知道又想从奶奶那里得到什么好处呢，明明是自己想吃西瓜，非说成是买西瓜给奶奶吃的。不想，豆豆似乎看透了妈妈的心思，一本正经地对妈妈说："妈妈，你知道奶奶最喜欢吃什么吗？奶奶最喜欢吃西瓜，这是上次奶奶过生日的时候告诉我的。"妈妈很惊讶："你买西瓜真是为了给奶奶吃的？"豆豆点点头，说："当然。现在西瓜刚刚上市，那么贵，我可舍不得吃。但是奶奶老了，您教我要尊老爱幼，我们都应该孝敬奶奶。"听到豆豆这番话，妈妈感动不已，也很懊悔自己误解了豆豆。

午饭过后，妈妈把西瓜切开，豆豆一直看着奶奶吃了三块西瓜，自己才吃。奶奶也一个劲儿地夸赞豆豆："我的大孙子长大了，是个孝顺的孩子。"豆豆吃着西瓜，高兴地笑起来。

难道父母每天和孩子朝夕相处，就一定了解孩子，也知道孩子的心里在想什么吗？当然不是。父母从小把孩子养育大，对于孩子的生活习惯很了解，却未必了解孩子内心真实的想法。所以作为父母，千万不要对孩子抱着先入为主的态度，总是从主观的角度猜测和臆想孩子。此外，世界上的万事万物都处于急速的变化之中，孩子也在不断地成长，因而孩子也是与时俱进的。作为父母，要以发展的眼光看待孩子，这样对于孩子的成长是有很大好处的。

此外，孩子在成长过程中会遇到各种各样的难题，父母要做的是理性地对待孩子，帮助孩子成长，而不要总是对孩子带着猜测，也不要总是对孩子产生误解。对于孩子而言，他们把父母看得非常重要，也常常觉得父母的态度和言行举止，都会对他们产生深远的影响。既然作为孩子最信任和依赖的人，父母当然在与孩子交往的时候，更要谨言慎行，而不要随便就对孩子发表负面评价，更不要从主观的角度胡乱猜测孩子。否则，父母就会无意间伤害孩子稚嫩的心灵，也导致孩子对父母失去信任。

除了要了解孩子的脾气秉性之外，父母还要用心观察，总结孩子的成长规律，唯有如此，父母才坦然面对孩子在成长过程中出现的各种问题，也才能避免无缘无故地责备孩子，才不至于导致与孩子的关系变得疏离，感情变得淡漠。要想做到这一点，对于父母而言最重要的就是尊重孩子。现实生活中，很多父母都不能做到尊重和平等对待孩子，而把孩子视为自己的附属品，因而对孩子总是居高临下，颐指气使。从心理学的角度而言，孩子虽然还小，但是他们的内心世界是很丰富的。合格的父母不但要满足孩子吃喝拉撒等生理需求，还要满足孩子的心理需求和感情需求，这样才能陪伴孩子健康快乐地成长，也让孩子各个方面的能力都均衡发展。

常言道，知子莫若父。正是这句话误导了很多父母，让他们误以为自己是了解孩子的。然而，在现实生活中，很多父亲并不了解孩子，更不能顺利地走入孩子的内心。现代社会的孩子成长很快，在生活中也常常接触各个方面的讯息。因而，父母不要一味地限制和禁锢孩子的发展，而要积极理性地面对孩子，主动深入孩子的内心世界，了解孩子的内心。否则，孩子就会因为得不到父母的理解而感到苦闷，父母也会因为不能真正地了解孩子而导致亲子关系紧张。除了要学习相应的儿童心理学知识了解孩子的内心之外，父母还要设身处地地站在孩子的角度，为孩子着想。否则，如果父母思考任何问题都从自身的角度出发，则必然更加远离孩子的真实想法，也导致亲子关系陷入困境。作为父母一定要记住，唯有了解孩子，真心为孩子着想和考虑，才能赢得孩子的尊重和信赖，也才能真正做到与孩子就像朋友一样相处。此外，父母了解孩子也有利于让家庭教育更有针对性，有的放矢地展开，起到事半功倍的效果。

爱和自由，是给孩子的最好礼物

现代社会经济发展迅速，人们的生活水平都得以提升，在这种情况下，作为家中独生子女的孩子也得到了更加无微不至的照顾和最好的物质条件。即使家里有两个孩子的家庭，也会给予孩子最好的对待，让孩子衣食无忧地成长。经济条件好的家庭，还会竭尽所能给予孩子最好的成长条件，让孩子接受最好的教育。这么做对于孩子的成长当然是有利的，但是当父母为了激励孩子在成长过程中获得最多的收获，也未免会过多干涉孩子，过度安排孩子的生活。殊不知，新生儿呱呱坠地之后需要父母无微不至的照顾才能成长，而随着身心快速发展，孩子的自我意识也不断发展，因而孩子开始快速成长。在人生的第一个叛逆期——两三岁期间，孩子们会变得特别固执，他们不愿意继续听从父母的教诲，而总是坚持自己的想法。两三岁的女孩还会独自选择衣服，决定自己今天要穿什么。这个阶段的孩子往往使父母觉得很头疼，父母甚至会对孩子感到厌烦。尤其是在听到孩子一连串的"不不不"之后，父母更是抓狂，觉得自己一定是生出了前世的冤家，所以在教育孩子的问题上才这么纠结。

此后，孩子在七八岁期间，十二岁到十八岁期间，还会连续经历人生的第二个、第三个叛逆期。尤其是当孩子进入第三个叛逆期，同时也处于青春期，大多数父母在面对孩子的叛逆期兼青春期的时候，都会感到心力交瘁，束手无策。实际上，在三个叛逆期之中，孩子都在为自由而抗争。随着不断地成长，他们也渴望得到更多的自由，因而他们对于自由的追求从未减弱过，而是有增无减的。

3岁的彤彤进入了叛逆期，总是与妈妈对着干。有一段时间，彤彤特别爱喝酸奶，为此妈妈就购买了很多酸奶给彤彤喝。然而，大概喝了一个月的酸奶之后，彤彤不愿意再喝酸奶，而且对酸奶表现出排斥和抗拒。当看到家里囤积了很多酸奶，而彤彤却不愿意喝，妈妈很着急。妈妈几次三番告诉彤彤："彤彤，你一定要喝酸奶，因为酸奶是用最好的鲜奶做的，而且营养丰富，能够为身体提供养分。最重要的是，酸奶还有益于肠道健康。你一直都有些便秘，坚持喝酸奶，就会好的，知道吗？"然而，彤彤听不懂妈妈长篇大论的大道理，每次妈妈拿出酸奶给彤彤喝，彤彤都会拒绝。有的时候，妈妈非要强迫彤彤喝酸奶，彤彤就会偷偷地把酸奶倒到马桶里。

有一次,彤彤把酸奶倒入马桶之后忘记冲马桶了,妈妈看到马桶里雪白的酸奶气得当即狠狠地批评了彤彤一通,甚至还忍不住要对彤彤动手呢!看着妈妈生气的样子,彤彤吓得哇哇大哭,但是口中依然念念有词:"我不喜欢喝酸奶,我不要喝酸奶。"看到彤彤的样子,爸爸劝说妈妈:"他不想喝,就不要逼着他喝了。他已经三岁了,知道自己喜欢吃什么,不喜欢吃什么,如果他现在连自己吃喝什么都不能选择,都要被迫接受,那么将来他如何能够形成良好的品质,具备完善的性格呢?你也不想咱们的儿子未来唯唯诺诺,不能为自己做主吧!"听到爸爸上纲上线地把问题说得这么严重,妈妈原本想反驳爸爸,后来觉得爸爸说得也有道理,因而决定采纳爸爸的意见和建议,给予彤彤自由自在成长的空间。后来,只要彤彤提出合理的请求,爸爸妈妈都会理智地满足彤彤,即使真的觉得彤彤的要求是无理的,爸爸妈妈也不会生硬地拒绝,而是会耐心地向彤彤讲清楚道理,赢得彤彤的理解。在这样的教育下,彤彤越来越理性,越来越有自主意识,就像小大人一样,赢得了很多人的赞许和表扬呢!

作为父母,要了解孩子随着成长而对于自由更加渴望,也要帮助孩子真正地走出困境。前文说过,家庭环境对于孩子的成长起到至关重要的影响和作用,那么作为父母,就要为孩子营造爱与自由的环境,给予孩子更大的成长空间。随着孩子成长的脚步不断地向前,父母也要与时俱进地调整好心态,跟上孩子的进步节奏,从而让孩子觉得自由和舒适。

喜欢养花的朋友们都知道,当花不断地成长时,经验丰富的园艺师会给花换盆。为何要换盆呢？是因为随着花不断地长大，原来的小盆已经无法满足花成长的需要，反而会禁锢和限制花的生长。当换了大盆，花有了更大的空间让根部生长，也拥有更多的沃土，自然会长得更快更好。花尚且需要换盆，更何况孩子们呢？孩子成长的速度更快，父母如果不及时改变观念，采取更适宜的方式教养孩子，就会限制和禁锢孩子的成长，也会导致亲子冲突频繁发生。对于孩子而言，爱与自由，是父母能给他们的最好礼物。

针对孩子，教育因人制宜

每个孩子都是完全独立的生命个体，他们继承了父母的基因，在很多方面都带有父母的印记，但是他们并不是父母的缩小版，更不是父母的重复再现。他们有自己的思想和意识，对于生活很有主见，对于人生充满想象和创造力。对于这样一个全新的生命，有多少父母能够做到尊重他们，并且最大限度保护他们的创造力，让他们在生命的历程中获得更多的成就呢？现实生活中，很多父母都无法做到充分尊重孩子，更不能针对孩子展开因人而异的教育。他们总是以世俗的标准要求孩子，为了孩子不输在起跑线上，对于孩子的成长提出各种过分的请求，也对孩子"百般刁难"。看到这里，也许有很多父母会觉得委屈，为自己辩解：我没有刁难孩子，我只是为了孩子好。的确，大多数父母都在打着爱孩子的旗号，不知不觉地做着伤害孩子的事情。

孩子不是工厂里流水线上的一个产品，不可能与大多数其他的孩子成为一个模子里刻出来的存在。记得曾经有一位教育专家说过，作为父母，始终都是新手，哪怕在面对一个呱呱坠地的新生命之前已经有过养育几个孩子的经验，面前的这个新生儿对于他们也是全新的存在和未知的世界。所以父母不要觉得自己很了解孩子，或者有过教养孩子的经验，就对刚刚到来的孩子感到轻视，不以为然。这个孩子终究会让你们感到非常新鲜，也让你们懊悔自己不应该套用此前教养孩子的经验对待孩子。记住，每一个孩子都是特立独行的生命个体，父母一定要以全然新鲜的眼光看待孩子，才能给予孩子更好的陪伴，让孩子拥有更美好的成长经验。教育孩子的经验从来都是不可套用的，这也是为什么很多从事教师职业多年，也经历过很多孩子的老师，却无法教育好自家孩子的原因。从这个角度而言，不管是当父母，还是做老师，都要怀着日日常新的心态，更加积极地面对孩子，才能真正助力孩子的成长。

在办公室里和同事们闲聊的时候，乔丽听说同事们都给孩子报名参加了钢琴培训班，还听说某某同事家里的孩子弹钢琴弹得特别好，已经考过好几级了，不由得怦然心动。她在同事们的描述中如痴如醉地幻想着自己家的孩子熟练演奏钢琴的情形，也动起买钢琴、让孩子学弹钢琴的心思。后来，乔丽还带着儿子去试着上了一节钢琴课，果不其然，孩子对于弹钢琴很感兴趣。乔丽当即决定要买钢琴，给儿子学琴。朋友建议乔丽："先租一架钢琴给孩子练习吧，因为学习钢琴还是比较枯燥的，孩子试课喜欢也许只是对琴键能发出声音感到有趣，要再观察一段时间，才知道孩子是否能够坚持学习。毕竟钢琴很贵重，如果孩子不喜欢，不能坚持练习，搁置了太浪费。"对此，乔丽不以为然，说："我家孩子真的很喜欢弹钢琴，我觉得还是买吧，这样即使想打退堂鼓，也能督促他继续练习。想想看吧，演奏钢琴的郎朗多么帅气，要是我儿子也能和郎朗一样，那可就太好了。"

就这样，乔丽义无反顾地给孩子买了一架钢琴，还专门请了老师来家里教孩子。果然如朋友提醒的那样，才刚刚练习了一段时间，乔丽的儿子乔乔对于钢琴的兴趣就失去了，也就不愿意继续学习钢琴。看着一个庞然大物摆在家里，乔丽觉得很懊恼，毕竟一架钢琴好几万块钱呢，乔丽不想让钢琴闲置，为此开始采取非常手段，逼着乔乔演奏钢琴。在乔丽的逼迫下，乔乔越来越讨厌学习钢琴，有一次因为练琴与乔丽产生了激烈的冲突，乔乔还扬言要把钢琴砸碎呢！对于乔乔的表现，乔丽很无奈，后悔当初没有听朋友的话，如今钢琴摆放在家里，乔乔又极度排斥，所以乔丽很懊恼。

很多父母在看到别人家的孩子有出色的表现时，总是在心中默默地幻想如果自己家的孩子也有这样出色的表现，那该多好。特别是对于那些有才艺的孩子，父母总是非常羡慕，也希望能够把自己的孩子培养得非常出彩。然而，孩子在才艺方面的发展需要一定的天赋，父母不能盲目羡慕别人家的孩子，更不能参考别人家的孩子，而盲目期望自己家的孩子也变成别人家的孩子那样。仅就学习方面而言，每个孩子的学习能力都是不同的，更何况是天赋呢？父母要悦纳孩子，不要盲目地将孩子与别人进行比较。唯有更加深入了解孩子，知道孩子在哪些方面比较擅长，父母才能更有的放矢地发力，给予孩子更好的促进，让孩子更出类拔萃。

当孩子表现出对某个方面不感兴趣，或者是直截了当地告诉父母自己不愿意进行某个方面的学习时，父母不要一味地强迫孩子，而要知道对于任何知识、技能以及兴趣爱好的学习，都需要长久的努力和持续不懈的付出。在这种情况下，父母应该根据孩子在学习方面的表现，尊重孩子的兴趣爱好。否则，强迫孩子也不能让孩子坚持学习，反而会让孩子原本很少的兴趣消失殆尽，这非但不能对孩子的成长起到积极的促进作用，反而会对孩子的成长起到反作用力，导致孩子在成长过程中陷入困境。

真正明智的父母知道，必须深入发掘孩子的兴趣爱好，认识到孩子的确是愿意进行某方面的学习，并且愿意付出持久的努力坚持学习，才能让孩子主动选择进行某个方面的发展。正如人们常说的，兴趣是最好的老师，如果孩子对于学习始终缺乏兴趣，那么他们当然无法继续坚持下去，也根本不可能有所收获。当然，作为父母，还要摆脱现代社会全体家长都陷入教育焦虑的状态，对孩子的成长保持淡然的态度，唯有如此，才能顺应孩子的天性，让孩子自由地成长，也不至于因为教育问题而与孩子频繁发生矛盾。只要父母能够摆正心态，也总是尊重孩子，给予孩子自主选择的自由和权利，教育就会成为父母与孩子的统一战线，而不会成为父母与孩子之间爆发争吵和战争的导火索。

为孩子树立积极的人生榜样

很多人一旦有了孩子，就自带父母的权威，他们觉得孩子是自己生养的，因而自己就可以在孩子面前居高临下，以父母的威严管理和压制孩子。实际上，这样的想法完全是错误的。因为孩子虽然因着父母来到这个世界上，但是他们并不是父母的附属品，也不是父母的私有物。孩子是一个独立的生命个体，虽然他们小时候要靠着父母无微不至的照顾才能生存下来，但是这并不能改变他们的个体属性。作为父母，也要端正心态，不要觉得自己养育了孩子，就总是对孩子颐指气使。随着不断地成长，孩子的自我意识越来越强烈，独立性也随着增强，作为父母要尊重孩子，平等对待孩子，而不要总是以权威压制孩子。

常言道，言传不如身教。其实父母要对孩子进行教育，最好的办法不是如同唐僧念经一样对孩子喋喋不休，或者对孩子高高在上，以不容商量的口吻与孩子说话。也许父母暂时还能压制年幼的孩子，但是随着孩子渐渐长大，有了自己的独立思想和意识，他们必然不愿意继续受到父母的压制。当孩子开始反抗父母，强权之下的家庭教育就会问题频现。明智的父母知道，教养孩子要让孩子心服口服，所以他们会采取适宜的方式对待孩子，例如在给孩子讲道理时更耐心，当孩子提出要求的时候，也能够认真地倾听。如此一来，父母才能以尊重赢得孩子的尊重，以平等对待换取孩子的真心。在和谐友好的家庭氛围中，父母也能够建立良好的亲子关系，从而让教育氛围进入良性的发展与循环之中。

此外，父母还需要注意的是，如果一味地对孩子高标准严要求，而对于自己却采取放任自由的态度，那么虽然孩子还小，也有敏锐的感知能力，他们会对父母感到很不满意。在这种情况下，父母要想树立权威，说服孩子，就会很难。

一天晚上，妈妈正在看电视，发现时间已经到了八点，因而当即要求豆豆洗漱之后，去床上听半个小时英语，然后睡觉。本来，豆豆正在津津有味地和妈妈一起看电视呢，听到妈妈的命令之后，豆豆听若未闻，采取消极抵抗的态度。时间很快过去五分钟，入神看电视的妈妈才意识到豆豆纹丝未动，因而继续催促豆豆。豆豆极不情愿地离开电视机前，走到书房里对爸爸说："爸爸，如果我是妈妈就好了。"听到豆豆这样的话，爸爸觉得很奇怪，纳闷地问："豆豆，你为何要这么想呢？"豆豆说："妈妈可以看电视，但是却让我去洗漱听英语。我要是当了妈妈，也可以自由安排自己的生活，而不需要被安排。如果我的孩子不听话，我还可以对他发脾气，甚至一时不高兴就打孩子一巴掌，也没人能管得了我啊！"

听了豆豆的话，原本还觉得豆豆想法有趣的爸爸陷入沉思。想了一会儿，爸爸对豆豆说："豆豆，爸爸妈妈像你这么大的时候，也很辛苦用功地学习。后来长大了，参加工作了，不需要每天都学习，才放松下来。不过我觉得你说的话很有道理，我们是一家人，应该一视同仁。我会和妈妈谈一谈，然后我和妈妈每天晚上也会留出时间来学习，这样我们全家人就可以节奏一致。"爸爸说完，豆豆原本紧皱的眉头才放松开来。后来，爸爸和妈妈认真地讨论了给豆豆做榜样的问题，也一致决定以后要成为豆豆的好榜样，而不能仅仅以语言压制豆豆，却放纵自己。在积极向上、和谐统一的家庭氛围中，爸爸妈妈与豆豆的关系越来越好，家庭教育也起到了事半功倍的效果。

如果爸爸妈妈都在看电视，原本就缺乏自制力的孩子怎么可能乖乖地去写作业，或者去洗漱睡觉呢？孩子的心思很细腻，而且孩子很擅长模仿父母，学习父母，因而在家庭教育中，父母要想让对孩子的教育起到事半功倍的效果，真正合理有效地引导孩子成长，就要规范自己的言行举止，在作息方面也与孩子保持一致。如果爸爸妈妈真的很喜欢夜生活,喜欢在夜深人静的时候看一个想看已久的大片,那么还可以在孩子入睡之后,关小电视的音量,关上孩子卧室的门,一起静悄悄地看完一部影片。对于父母而言,有了孩子的生活肯定不像没有孩子的生活那么自由,在做很多事情的时候也要考虑到孩子的需求和成长的需要,从而才能更有的放矢地满足孩子,引导孩子健康快乐地成长。

除了生活方面,在做具体的事情时,父母也要给孩子树立积极的榜样。诸如在孝顺老人方面,父母要对长辈孝敬,才能给孩子好榜样。如果父母对于老人总是极其不耐烦,而且也总是对老人喝来喝去,那么就等着孩子长大之后以同样的方法对待他们吧!有样学样,这是孩子在早期的家庭教育中表现出来的典型特征,作为父母,一定要给孩子树立好榜样。还有些父母因为各种各样的原因会搪塞他人,甚至以撒谎的方式拒绝他人的请求,这也会给孩子带来误解,导致孩子不知不觉间就学会撒谎,甚至以为既然父母也撒谎,那么撒谎并不是那么恶劣的行为。总而言之,孩子的成长是很重要的,在孩子的成长阶段,父母一定要摆正心态,才能规范自己的言行,从各个方面和细节,都给孩子树立积极的榜样,也对孩子的成长起到积极的推动作用。否则,一旦孩子跟着父母学到了很多不好的行为习惯,再想纠正就很难。父母要成为孩子的偶像,成为孩子不可替代的榜样,这样的家庭教育才效果显著,也才是趋于完美的。

第 02 章

任何有效管教，都建立在良好的亲子关系基础之上

只有在父母相爱、和谐融洽的家庭氛围中，孩子才能身心健康地快乐成长。如果父母之间感情不和，导致家庭生活弥漫着硝烟和战火，孩子也会受到不良影响。要想让家庭教育起到事半功倍的效果，父母还要与孩子建立良好的亲子关系，否则亲子关系不融洽、亲子沟通不顺畅，只会导致孩子对父母的话产生逆反心理，也与父母的关系更加生疏。由此可见，良好的亲子关系是家庭教育的基础，而和谐的家庭氛围则是建立良好亲子关系的前提条件。

彼此相爱,是父母送给孩子的最好礼物

如果没有和谐融洽的家庭氛围,即使父母努力经营与孩子之间的关系,也很难取得成效。这是因为家庭氛围是亲子关系外部的大环境,也是亲子关系生长的土壤。正如人们常说的,没有大家,哪里来的小家。同样的道理,没有和谐的家庭氛围,亲子关系又怎么可能良性发展呢?很多孩子都深有感触,即当父母之间的感情出现问题的时候,整个家庭氛围都不对了,亲子关系也会陷入困境之中。由此可见,在一个幸福的家庭里,父母首先送给孩子的一份大礼,就是爸爸妈妈彼此相爱。

现代社会,经济发展迅猛,物质生活水平上升到前所未有的高度,实际上,已经很少有孩子会感受到物质的贫瘠,或者缺衣少食了。更多的孩子之所以失去幸福快乐的童年,是因为他们家庭生活不幸福,也是因为他们与父母之间没有良好的人际关系。在这种情况下,父母要更加理性处理好彼此之间的关系,为了孩子,不要肆无忌惮地争吵,更不要大打出手,当感情出现问题的时候,也不要把离婚这点事情闹得尽人皆知。父母要学会处理彼此的感情,经营好婚姻关系,才能为孩子营造和谐健康的家庭氛围,也才能与孩子友好相处,给予孩子良好的成长体验。

一天,乐乐听到好朋友思雨说,他的爸爸妈妈要离婚了。得到这个消息,乐乐感到非常震惊,因为思雨家里很有钱,他的父母也不用像

自己的父母那样为了生活而辛苦地奔波，为什么会离婚呢？对此，乐乐百思不得其解。然而，看着思雨痛苦的样子，乐乐又很想为他分担，为此，放学回到家后，乐乐当即把思雨爸爸妈妈要离婚的消息告诉了自己的爸爸妈妈。

听完乐乐忧心忡忡的讲述，妈妈当即安抚乐乐："放心吧，我和你爸是不会离婚的。"乐乐这才感到放心一些，但是他依然不知道如何帮助思雨，因此问妈妈："妈妈，思雨家里那么有钱，为什么他的爸爸妈妈还要离婚呢？"妈妈想了想，说："一个家庭的维系，不是有钱就可以的。很多有钱人会离婚，是因为他们忙着赚钱而忽略了对感情的培养。就像咱们家，虽然没有很多钱，但是爸爸妈妈都非常努力地去挣钱，为了给你一个幸福安稳的家，我们还必须携手并进。在这样的过程中，我们也许很辛苦，但却会相互扶持和帮助，对不对？"乐乐当即点点头，说："我希望爸爸妈妈永远相爱，白头到老。"听到这么完美的祝福语，妈妈忍不住抚摸着乐乐的头，感动地说："嗯嗯，爸爸妈妈一定永远相爱，白头到老，让乐乐永远都是幸福家庭里的孩子。不过，你不要总是提起思雨的伤心事，否则思雨一定会非常懊恼的。你可以陪着思雨，这个时候思雨最难过。"乐乐懂事地点点头。

很多孩子家里很有钱，却没有安稳的家庭生活，也没有幸福的、彼此相爱的父母，对于孩子而言，这无疑是最大的悲哀。还有些孩子家里尽管没有钱，但是却全家和睦，幸福相依，这样的孩子当然是幸福的，也能够从家庭生活中汲取力量，从而让自己健康茁壮地成长起来。作为父母，一定要给予孩子更好的生存环境，才能帮助孩子持续地成长。否则，当父母反目成仇，整个家也风雨飘摇，孩子还有什么地方可以容身呢？

爸爸爱妈妈，就是对孩子最好的爱；妈妈爱爸爸，就是给予孩子的最好礼物。每一个父母在与孩子相处的过程中，不要一味地盯着孩子看，也要更加用心地彼此相爱，营造幸福和谐的家庭氛围，孩子才能更快乐地成长，也真正感受到家庭给予自己的力量。如今的社会上，随着经济的发展和物质水平的提高，人心变得越来越浮躁，很多成人都因为各种各样的原因选择离婚，却不知道在父母破裂的婚姻中，受到伤害最大的就是孩子。孩子还小，除了父母，他们在这个世界上无依无靠，除了家，他们在这个世界上没有任何其他可以遮风避雨的地方。所以父母不管是选择继续幸福地相守在一起，还是因为不合适而最终选择离开，给予对方更多的自由，都要更加理性，尽量保护好孩子，避免伤及无辜。婚姻绝不仅仅是两个人的事情，在没有孩子之前，婚姻是两个家庭的组合，在有了孩子之后，婚姻关系到孩子的成长和一生。因而，每一个人都要慎重对待婚姻，也要全心全意热爱孩子，给予孩子最幸福的家和最快乐的成长。

父母要像对待朋友一样对待孩子

最好的亲子关系是什么样的？不是父母高高在上，压制着孩子，也不是父母卑躬屈膝，就像一个任劳任怨的老仆人一样为孩子服务，而是父母在孩子面前既有威严，也有慈爱，既能站在一定的高度上给予孩子指导，也能彻底放下自己，让自己与孩子就像朋友一般相处。这样复杂多变的亲子关系，才能更适宜孩子的成长。有的时候，父母要充当孩子的领路人；有的时候，父母要成为孩子的坚强后盾，在孩子有任何异常情况或者需要的时候，都能第一时间出现在孩子的身边，帮助孩子勇敢地渡过难关。听起来，这样的亲子关系就很美好。那么，如何才能建立这样的亲子关系呢？

众所周知，人与人之间相处的基础是真诚友善。父母与孩子尽管是世界上最亲近的人，但是亲子关系也是普通人际关系的一种，所以父母和子女之间同样要真诚友善。很多父母抱怨孩子不尊重他们，或者从来不愿意对他们敞开心扉，在抱怨孩子的同时，父母更应该问问自己，为何孩子不愿意与他们亲近，更不尊重和信任他们呢？原因只有一个，那就是父母从未尊重和平等对待孩子，也不信任孩子。在这样的亲子关系中，孩子一定会感到很自卑，也无法真正作为独立的生命个体与父母相处。

其次，父母要想成为孩子的朋友，还要如同前文所说的那样进行换位思考，站在孩子的角度上为孩子解决问题，而不要总是居高临下地对待孩子，给孩子巨大的压力，否则日积月累就会激起孩子的逆反心理，导致孩子越来越叛逆，亲子关系的发展也会遭受巨大的阻力和障碍。

最后，父母还要与孩子统一战线，成为同一个战壕的朋友。很多父母动辄就会批评和否定孩子，不管孩子做的是对还是错，他们都理所当然认定孩子一定是错的。在这种情况下，父母如何能够赢得孩子的尊重与信任呢？对于那些无关紧要的事情，只要不牵涉到原则性问题，也不会给孩子的成长带来伤害，父母与其亦步亦趋地保护孩子，不如给孩子更大的自由空间，让孩子自主选择，积极面对，这样孩子才能不断地成长，也才能真正地成熟起来。记住，没有任何孩子生而就是全能的，更不是完美的，每一个孩子从呱呱坠地来到这个世界上的时候，就如同一张白纸一样。父母要想让孩子快乐成长，日趋完美，就要给孩子机会去尝试，也要允许孩子犯错误，这样孩子才能不断地积累经验，提升自己的能力，让自己更加积极主动、勇敢无畏地面对人生。

一天晚上，时间已经很晚了，妈妈发现乐乐班级里一个同学的妈妈在加她的微信。妈妈马上通过，询问对方有什么事情。对方隐晦地问："乐乐妈妈，你平时看孩子的QQ群吗？"妈妈回答："不看啊，群里都是他的同学，说些孩子间的话题。"对方说："你还是看一下吧，注意监管一下。今天下午放学，乐乐情绪冲动，在群里骂老师呢！所以我赶紧加你一下，让你看看怎么能够补救下，被老师知道就不好了。"妈妈赶紧拿起乐乐的手机查看，才发现乐乐在群里骂老师骂得很难听。为此，妈妈把乐乐从被窝里提溜出来，询问乐乐原因。在乐乐的讲述下，妈妈知道乐乐觉得老师偏向班委，故意惩罚他抄课文，而且还说他就是欠揍，就该被狠狠地揍一顿。妈妈知道乐乐平日里自尊心很强，听到老师当着全班同学的面这么说他，一定是非常生气和冲动的。事已至此，夜也深了，妈妈只好让乐乐先睡觉，准备次日带着乐乐去学校里找老师道歉。

次日一大早，老师的电话就打过来了，在电话里，老师怒气冲冲地他们都注重培养孩子的品质，不要让孩子道德恶劣。尽管老师说话不好听，爸爸妈妈都觉得乐乐无论如何也不能骂老师，因此都接二连三地向老师道歉。在老师强烈建议让他们管教乐乐之下，爸爸妈妈搂住火，没有打骂乐乐，而是耐心地与乐乐沟通，反复向乐乐了解当时的情况。整整一个上午都在沟通中过去，妈妈说得口干舌燥，最终乐乐才同意写一份检讨书给老师，向老师道歉。自从这件事情发生之后，乐乐也知道爸爸妈妈的态度，反而与爸爸妈妈更亲近，也能聆听爸爸妈妈的教诲。

事后，妈妈对爸爸说："其实，我原本是很生气的，恨不得狠狠揍乐乐一通。但是我意识到这件事情老师也有责任，所以控制住火气，耐心地给乐乐做思想工作。对于这件事情，我觉得咱们最大的收获就是赢得了乐乐的信任，这样以后再遇到问题的时候，他才会第一时间想到向我们求助，而不是冲动地在同学群里骂老师。无论如何，骂人都是不对的。我们作为父母的要得到孩子的信任，这样孩子在遇到为难的事情时，才会第一时间向我们倾诉和求助，我们也才能知晓孩子的情况。否则，祸都闯完了，我们还被蒙在鼓里呢！"爸爸认为妈妈说得很有道理，当即表示认可，并且对妈妈说："未来，我们还是要坚持这个原则，否则孩子进入青春期，叛逆起来是很可怕的。唯有做孩子的朋友，我们才能知道孩子的心声，也才能及时了解孩子的心理动态。"

对于青春期的孩子而言，他们正处于情绪和行为都容易陷入冲动之中的时候。在这个阶段，正如事例中爸爸妈妈所说的，作为父母，最重要的是保持与孩子的沟通顺畅，赢得孩子的信任，这样孩子在遇到为难的问题时才会第一时间向爸爸妈妈求助。用理解为孩子营造一个倾诉和发泄情绪的渠道，远远比把孩子的情绪封闭起来，让孩子郁郁寡欢来得更好。人是感情动物，每个人都有情绪，孩子也是如此。任何时候，父母都要尊重孩子，也都要更加理解孩子，才能赢得孩子的信任。

在所有的人际关系中，信任都是沟通的前提条件，在亲子关系中也是如此。如果缺乏信任，孩子会更叛逆，父母也会陷入深刻的苦恼。为了避免这种糟糕的情况发生，父母一定要竭尽所能地赢得孩子的信任，这样才能保证亲子沟通畅通，亲子关系亲密，亲子感情深厚，自然很多亲子问题也就会迎刃而解。

此外，当父母能够与孩子像朋友一样相处，还可以避免一种危险的情况发生，即大多数孩子在青春期，都更喜欢与同龄人相处。在这种情况下，如果孩子与父母的关系不够亲密，那么他们在遇到为难的事情时，很有可能第一时间想到向同龄人求助。众所周知，青春期的孩子看起来身体强壮，人高马大，实际上他们的内心还不够成熟。在这种情况，由孩子给孩子出主意，很有可能想出来的都是馊主意，也会导致事情朝着更加恶劣的方向发展。当父母成为孩子的朋友，孩子有了困难会第一时间求助于父母，这样一来，父母有更多的人生经验，思想也更成熟，自然可以给孩子更好的引导和帮助，也避免孩子因为冲动做出荒唐事。

教育，就是要对孩子换位思考

每一位父母都自称是这个世界上最爱孩子的人，的确，他们的爱不容怀疑，但是又有多少父母能够真正做到尊重孩子，平等地对待孩子，尽量站在孩子的角度上思考问题呢？太多的父母已经形成思维定式，他们高高在上地对待孩子，也觉得自己生养了孩子，就有权利主宰孩子的一切。实际上，父母的确需要全方位照顾新生儿，但是他们没有意识到的是，随着时间的流逝，孩子渐渐成长，最终已经脱离父母的照顾，变成独立自主的生命个体。在这种情况下，如果父母还是对孩子颐指气使，还不由分说地想要代替孩子做一切决定，自然会遭到孩子的反抗，也会导致与孩子之间的关系剑拔弩张。

明智的父母在教育孩子的时候，会进行换位思考。顾名思义，就是把自己当作孩子,以孩子的视角去看待问题,以孩子的思维去处理问题,这样一来,他们当然可以更好地理解孩子的奇思妙想,也可以与孩子更好地相处。从另一个角度而言,父母学会与孩子换位思考,也是缓解亲子关系、增进亲子感情的重要方法之一。众所周知,很多亲子之间的矛盾都是因为彼此不理解,相互产生误解导致的。既然如此,父母当然要想方设法了解孩子,从而建立良好的亲子关系。

一天,乐乐向妈妈提出一个请求:"妈妈,我可以买一块手表吗?"妈妈点点头,说:"当然可以。"乐乐继续问:"那我可以在京东买吗?我先加入购物车,你帮我下单,然后我给你钱付款。"妈妈继续点头。看到妈妈这么容易就答应了自己的请求,乐乐简直喜出望外,问妈妈:"妈妈,如果我不付钱,你能送我一块手表吗?"妈妈笑着说:"可以。"乐乐更加乐不可支。

趁着妈妈洗澡的时候,乐乐把手表加入了购物车。这块电子手表价值72元,次日妈妈准备付款的时候,才看到乐乐选择的是一块小号的手表,而且表盘上没有指针,只是电子数字的显示。妈妈误以为乐乐不知道所选的手表是小号的,又想到乐乐已经这么大了,应该使用大号的手表,所以就自作主张为乐乐购买了一块大号手表,而且是指针和电子数字双重显示的。京东物流很快,妈妈上午下单,手表下午就到了。看到手表,乐乐竟然一点都不高兴,反而气得眼泪都流出来了,说:"你为什么要代替我做主啊,我不喜欢这样的手表,我不要!"妈妈也觉得很委屈,当即对乐乐辩解:"这款手表119元呢,比你的72元贵多了,多么酷炫啊!"尽管妈妈在逗乐乐开心,乐乐还是气鼓鼓的,说:"我就是不喜欢,你还是留着自己带吧!"看到乐乐这么不领情,妈妈也有些生气。她当即退掉手表，重新购买了那款小号手表。

后来，妈妈把这件事情告诉爸爸，爸爸说："也许孩子就是不喜欢带指针的手表吧，看着不是很方便。另外，太大的手表容易碰到别的地方，也不是特别灵活。我还问过乐乐，他说自己上一块手表的指针很容易就坏了。"说完，爸爸思考片刻，又以平静的语气劝说妈妈："现在孩子越来越大了，有自己的主见，如果你不想与孩子之间产生什么纷争，在这些无关紧要的非原则性问题上，不妨就让孩子做主，这样有助于培养孩子的独立性，对于孩子的成长也有很大的好处。"听到爸爸的话，妈妈也觉得有道理，因而点点头。

在这个事例中，从妈妈的角度来讲，她希望乐乐带有指针的手表，这样可以帮助乐乐更好地查看时间，学习认知钟表。但是从乐乐的角度来讲，也许课间的时间有限，所以他不愿意再去费神劳力地看钟表，因而更喜欢电子数字显示的表盘。如果妈妈当时能够更多地为乐乐着想，知道乐乐想要购买小号电子显示手表的原因，也许就不会犯下这种好心办坏事的错误。当然，从乐乐的角度而言，根本不应该生妈妈的气，而应该感谢妈妈。归根结底，妈妈也是为了乐乐好，虽然妈妈不能用为了乐乐为旗号强迫乐乐，但是乐乐应该理解妈妈的良苦用心。

站在孩子的角度看问题，说起来很容易，真正做起来却很难。这是因为太多的父母都习惯对孩子居高临下，颐指气使，也已经习惯了以权威压制孩子。父母唯有发自内心意识到孩子是独立的生命个体，真正做到尊重孩子，认可孩子，平等对待孩子，才能处理好与孩子之间的关系，也才能在与孩子相处的过程中找到恰当的方式和方法。父母必须记住，唯有换位思考，才能真正了解孩子，走入孩子的内心，否则当父母总是先入为主地对待孩子，又如何能够赢得孩子的信任呢？因而明智的父母不会随意篡改孩子的想法，而是在以孩子的想法为基础的前提下，询问孩子想要得到父母怎样的对待，从而找到最好的方式对待孩子，教育孩子。当父母与孩子心有灵犀，家庭教育就会进展顺利，事半功倍。

友好的氛围有助于亲子沟通

面对一个黑脸关公，你愿意说出自己的心里话吗？想都不用想，你一定回答不愿意。但是，你可知道有多少父母都在孩子的面前扮演黑脸关公的角色，总是否定和批评孩子，总是对孩子各种挑剔、苛责和嫌弃。在这种情况下，试想如果你是孩子，你还愿意和父母进行顺畅的沟通吗？由此可见，父母要想和孩子之间沟通无阻，就要营造良好的沟通氛围，这样才能让孩子愿意对父母敞开心扉，也愿意与父母更好地相处。

对于每一个家庭而言，父母必须为孩子建立良好的家庭环境，这样才能给孩子温馨的避风港，也才能让孩子在家庭生活中感受到更多的幸福快乐，真正收获安全感。很多父母都羡慕别人家的孩子不但各方面都很优秀，最重要的是特别愿意与父母沟通。其实，孩子不愿意沟通的问题不是在孩子身上，而是在父母身上。当父母扮演黑脸关公，孩子自然会关闭心门，躲开父母远远的。当父母对孩子和气友善，总是能够耐心地倾听孩子讲述自己的心事，表达自己的所思所想和情绪情感，则孩子会更加乐于对父母倾诉。很多父母还讲究权威，觉得作为父母一定要有威严，要对孩子不苟言笑。不得不说，这样的想法是完全错误的。父母的威严并不是只能通过对孩子不苟言笑来表现出来，更多地要通过对孩子宽严并济，在很多事情上让孩子心服口服来实现。在很多家庭里，父母总是板着脸，孩子表面上敬畏父母，实际上却从来不拿父母当回事。在另一些家庭里，父母总是笑着面对孩子，与孩子的关系和谐融洽，但是孩子非常尊重父母，也常常征求父母的意见和建议，并且慎重思考和权衡父母所说的话。由此可见，威严绝不是与严肃的面孔联系在一起的，父母唯有与孩子之间建立良好的亲子关系，能够与孩子之间保持顺畅的沟通，才能让亲子教育事半功倍。

妈妈发现乐乐一回到家里就躲在书房中，戴着耳机听音乐，有的时候，还一边写作业一边听音乐呢。对此，妈妈很担忧，不止一次地在爸爸面前嘀咕："看看你儿子，现在都开始迷恋流行音乐了。但是他写作业的时候也听音乐，这样怎么能保证作业的质量呢？一旦三心二意，他很容易就做错。"对于妈妈的担心，爸爸觉得不无道理，因而建议妈妈找一个合适的时机和乐乐好好谈一谈。妈妈为难地说："我怎么和他谈啊？他一回家就戴着耳机，写作业戴着，吃饭的时候也戴着，根本就听不到别人和他说话嘛！"爸爸觉得妈妈的担忧有道理，因而安抚妈妈："好的，等我想一想，怎么样才能把他的耳机拿下来！"

有一天，妈妈下班比较晚，才刚刚打开家门，就发现爸爸和乐乐一起坐在客厅里听音乐呢！父子俩都是一副陶醉的样子，乐乐因为沉浸在音乐中，还情不自禁地摇头晃脑。妈妈没有打搅他们，直到晚上睡觉时，才问爸爸："你治好你儿子的流行音乐病了吗？我看你还没治好他，反而会被他同化呢！"爸爸笑起来，说："你没发现我已经成功地让咱儿子拿下耳机了吗？"妈妈这才注意到乐乐的确没有戴耳机，因而忍不住饶有兴致地问爸爸："你这是怎么做到的？"爸爸笑着说："你想啊，咱儿子之所以带着耳机听音乐，这说明他长大了，不想因为自己听音乐就打扰到我们。如果我在家里放音乐，他还愿意戴耳机吗？我把音乐打开，他就把耳机拿下来了。这样一来，我们可以在音乐的氛围中交谈，他反而对我说了很多心里话呢！"就这样，全家人都爱上听音乐，在音乐的流淌中，全家人也能做到愉快地沟通了。

在这个事例中，爸爸非常聪明，因为他知道如何帮助乐乐取下耳机，如何能让乐乐听到爸爸妈妈所说的话。实际上，爸爸无非是掌握了一个原则，那就是尊重乐乐，尊重乐乐的兴趣爱好，也体谅到乐乐为了不打扰父母，所以带着耳机听音乐的辛苦。当爸爸敞开心扉与乐乐交谈，乐乐自然也会有好的表现，并且让自己与爸爸妈妈的心更加贴近。

良好的家庭环境绝不是某一个人尽一己之力就能创造出来的。作为家庭的一分子，我们每个人都要肩负起营造家庭氛围的重要责任，尤其是作为家庭主导的父母，当发现孩子的某些言行举止有些异常时，先不要急于批评和否定孩子，而要真正地尊重和理解孩子。当孩子感受到来自父母的尊重和理解，他们也会更加友善地对待爸爸妈妈，积极地采纳爸爸妈妈的建议。民间有句俗话，叫作"两好换一好"，就是说人与人在相处的过程中都要为对方好，才能建立良好的人际关系。父母与孩子之间也是如此，只有相互为对方着想，为对方考虑，也尽量给对方提供更好的便利条件，才能营造和谐的家庭环境，形成友好的沟通氛围。此外，父母还需要注意的是，要把孩子当成家庭的小主人对待，而不要总是居高临下对待孩子，使得孩子缺乏家庭主人翁的意识，觉得自己在家里的地位无足轻重。当孩子意识到自己是家庭成员之一，也有相应的责任和义务为家庭出一份力，他们就会从被动接受家庭环境，到主动营造家庭环境，这对于整个家庭的成长都大有裨益。

父母也可以向孩子吐露心声

孩子小时候，父母对于孩子的吃喝拉撒都非常熟悉，了然于心。孩子呢，也最信任和依赖父母，所以总是把自己的心思告诉父母。然而，随着孩子渐渐成长，很多父母都会觉得苦恼，因为他们发现孩子越长越大，与父母的关系却越来越疏远，尤其是很多孩子索性不再向父母说心里话，这让父母面对猜不透的孩子非常着急，也不知道如何是好。从心理学的角度而言，孩子不再愿意向父母说心里话，实际上是他们所处的身心发展阶段决定的。尤其是青春期的孩子，更加倾向于和同龄人相处，和同龄人一起玩耍，因而他们很少主动向父母说起心里话。在父母的询问下，他们开诚布公地说出自己的心里话后，又往往得不到父母的理解，甚至还会被父母抱怨。在这种情况下，孩子们当然会越来越自我封闭，不愿意向父母诉说心声。

基于这两个方面的原因，面对沉默的孩子，父母也就不值得奇怪了。实际上，在亲子沟通中，父母往往占据主导地位。要想恢复良好的亲子沟通，父母就应该有意识地去改变自己，让自己不再对孩子居高临下，即使孩子犯错误，也不要总是批评和否定孩子。每个人都希望得到他人的理解，孩子也是如此，当孩子们能够从父母那里得到理解和认同，即使父母不强求孩子倾诉，孩子也会快乐地倾诉。

在改变对待孩子的态度之后，有些父母能够打开孩子的心扉，而有些孩子之所以封闭自己并不是因为对父母不满，而是本身的性格使然，所以父母的改变对他们不会有太大的影响。没关系，不要着急，作为父母还有一个杀手锏可以使用，那就是主动向孩子讲述自己的心里话。在心理学上，有一个"互偿心理"，意思是说当一个人得到他人的好处，就会给予他人一定的回馈。那么当孩子听到父母的真心话和心里话，他们原本封闭的内心就会渐渐地打开。这个方法如同灵丹妙药，可以有效改善父母与孩子之间的沟通状态。实际上，这个方法不仅仅适用于父母与孩子之间，也适用于各种各样的人际关系之间。例如在职场上，如果我们想要打开一个人的心扉，让那个人主动对我们说起真心话，那么不需要做得太多，只要找到合适的机会先把我们的真心话告诉对方，就会起到良好的效果和作用。近些年里，所谓的真心话大冒险，目的就是消除人与人之间的隔阂，从而让人心与人心更加贴近，人与人之间的关系也更加和谐融洽。

有一天下班回家，爸爸原本准备和甜甜一起玩积木，却接到老师的电话，说甜甜在幼儿园里和小朋友发生冲突了。得知两个小朋友都没有大碍，只是闹了点儿小别扭而已，爸爸这才放下心来，也决定在和甜甜一起玩积木的时候，问问甜甜具体的情况。

玩了没多会儿，爸爸刚问甜甜："甜甜，今天在幼儿园开心吗？"甜甜就敏感地说："开心。"然后，她居然收拾积木去自己的卧室，不愿意再和爸爸一起玩了。爸爸不知所措，带着挫败感告诉妈妈："我搞不定甜甜，她根本不愿意和我说。"妈妈看着爸爸沮丧的样子，情不自禁地笑起来，对爸爸说："你真是不了解甜甜，看我的吧！"妈妈放下手里的家务活，也去找甜甜玩积木。才玩了一会儿，妈妈就对甜甜诉苦："甜甜，今天妈妈犯错误了，你知道是什么错误吗？"听说妈妈也犯错误，甜甜马上高兴地蹦跳起来，对妈妈说："妈妈也会犯错误吗？太好玩了，妈妈也会犯错误。"妈妈说："妈妈当然也会犯错误，因为每个人都会犯错误，包括老师，都会犯错误。"听说老师也会犯错误，甜甜更瞪大眼睛，难以置信地看着妈妈。妈妈说："甜甜，我今天和一个同事阿姨吵架了，我们俩谁也不让着谁，最后都被老板批评了。"甜甜想了想，问妈妈："老板就是和老师一样的吗？"妈妈点点头。甜甜说："妈妈，我也被老师批评了。"妈妈装作不知情，关切地询问："甜甜这么乖，为什么会被批评呢？"甜甜说："我和史青荷吵架，老师就批评我们了。"妈妈安抚甜甜："哦，你们也吵架了，和妈妈与同事阿姨吵架一样。那么，吵架好吗？"甜甜摇摇头，妈妈夸张地说："吵架真的不好，妈妈吵架之后也很伤心，恨不得没有吵架才好呢！那么，你以后还和同学吵架吗？"甜甜摇摇头，说："吵架不好玩。"妈妈抚摸着甜甜的头说："嗯，甜甜要与小朋友友好相处，当好朋友，妈妈也要与同事阿姨友好相处，当好朋友，好不好？"甜甜重重地点点头。

孩子也是很爱面子的，当他们发现自己犯了错，也会担心受到批评，或者丢了面子。在这种情况下，父母要更加关注孩子的内心，了解孩子的心理动态，尤其是对于自尊心比较强的孩子，父母可以先对孩子说说心里话，这样才能打开孩子的心扉，让孩子也对父母说出心里话。很多父母刻意在孩子面前扮演完美的形象，最终让孩子形成错觉，觉得包括父母和老师在内的人都是非常完美的。其实，让孩子形成这样的想法并不好，因为会让孩子对于他人不能理性认知，也过于苛刻要求。真正明智的父母，会摘掉完美的光环，从而坦诚地对待孩子，也向孩子倾诉自己的心声。这样一来，孩子才会更加真实地贴近父母，也觉得父母平易近人，是值得信任和托付的。

要想激发孩子的表达欲望，让孩子说出心声，父母还可以采取一种绝佳的方式，那就是征求孩子的意见。大多数孩子都希望自己得到父母的重视，也希望自己能够在与父母相处的过程中，被父母平等对待。所以如果父母能够经常询问孩子的意见，或者与孩子商量一些事情，也就能够让孩子拥有自信，积极主动地表达自己的想法。日久天长，孩子与父母之间的沟通会越来越顺利，亲子关系也会更加和谐融洽，没有隔阂。通常情况下，父亲与儿子的关系更为亲密，母亲与女儿关系更为亲密，因而父亲要更多地与儿子谈心，肩负起打开儿子心扉的重任，而母亲则要经常与女儿说些悄悄话，与女儿之间建立更亲密的关系和深厚的感情。毋庸置疑，在整个成长期间，父母都是与孩子最频繁接触的人。在教育孩子的过程中，父母一定要发挥与孩子密切相处的优势，所谓近水楼台先得月，抓住生活中的各种机会，与孩子深入交流，更加亲近孩子的心灵。在与孩子沟通的时候，父母还要注意把握适度的方式方法，以孩子喜欢接受的方式与孩子交流，从而才能让亲子沟通事半功倍。

孩子正是在错误中成长的

常言道，金无足赤，人无完人，每个孩子从呱呱坠地降临人世开始，就如同一张白纸一样面对这个世界。面对这样纯洁无瑕、一片空白的孩子，父母要想方设法为孩子营造良好的生存环境，也帮助孩子更加健康快乐地成长。然而，随着孩子不断成长，很多父母都会从孩子出生伊始的百般喜爱，渐渐地发现孩子的很多缺点和不足，因而对孩子失望起来。这是为什么呢？是因为新生命刚刚降临的时候肥白可爱，只有最简单的生理需求，而随着不断地成长，孩子的很多天性和弱点暴露出来，让父母渐渐从认为孩子是绝对完美的梦幻中惊醒，意识到孩子也许并没有他们所想象的那么优秀和完美。为此，有一些无法及时调整对孩子过高期望的父母，就会对孩子感到很不满意，尤其是当发现孩子接二连三地犯错误时，他们更加歇斯底里，由此导致亲子矛盾爆发。实际上，这样的问题根源在于父母，是父母对孩子的期望太高，导致父母不能接受孩子犯错。每个孩子既是天使，也有自己的优点和长处、缺点和不足，父母理应客观对待孩子，积极接纳孩子，而不要对孩子吹毛求疵，过于苛刻。

　　父母必须意识到，所有的孩子都是在错误中不断成长起来的，正是因为有了一次又一次犯错的过程，孩子们才能踩着错误的阶梯不断前进，也从错误中汲取经验和教训，保证自己下次不再犯同样的错误。作为父母，我们不妨试想一下，连成人都会犯错误，孩子又怎么可能从来不犯错呢？每个人在回顾人生的时候，都会发现自己是踩着失败的阶梯不断前进，才能获得成长的。在人生的道路上，每个人的成长都混着血泪，都拥有无数失败的经验。还记得发明大王爱迪生吗？他给整个世界带来了光明，因而被所有人记住。但是鲜为人知的是，他在寻找合适的材料作为灯丝时，尝试了一千多种材料，进行了七千多次实验。如果没有这么多次错误的尝试，他最终如何能够发明电灯呢？由此可见，人人都会犯错，只要孩子不是故意犯错，父母理应原谅孩子的探索行为。即使孩子故意犯错，父母也要了解孩子的心理状态，从而才能有的放矢引导孩子。

妈妈每天打扫家里的卫生都很辛苦，尤其是地面，总是要一次又一次不厌其烦地去打扫，才能保持干净。偏偏妈妈还有洁癖，总是要把地面打扫得光亮可鉴，才算罢休。为此，妈妈最不能容忍的就是甜甜把地面弄脏。有一天，甜甜端着一个小杯装的冰淇淋吃，边吃边往沙发那边走过去。妈妈紧张地看着甜甜，生怕甜甜把冰淇淋洒到地上，然而怕什么来什么，甜甜走着走着，果然把冰淇淋整个都翻到地上了。妈妈当即对甜甜大发雷霆，吓得甜甜站在那里，眼睛里含着泪水，也不敢哭。

正当此时，爸爸下班回家，看到妈妈生气的样子，不知道发生了什么事情。问清楚事情的原委后，爸爸对妈妈说："孩子么，把东西拿洒了很正常，你再打扫一下。"妈妈马上把苗头对准爸爸，说："你说得倒是轻松，要不你每天打扫卫生看看，你天天下班回家跟个大爷似的，当然不会觉得累，还觉得地弄脏了也无所谓。"爸爸看到妈妈正在气头上，没有和妈妈争辩，而是当即安慰甜甜，还给甜甜拿了一个新的冰淇淋吃。晚上，爸爸看到妈妈消气了，才和颜悦色地问妈妈："老婆，你说我每天这么辛苦地挣钱为什么？"妈妈不置可否地看着爸爸，不假思索地说："当然是为了这个家。"爸爸又问："那么，你这么辛苦地操持家务，又是为了什么呢？"妈妈嗔怪道："废话，当然是为了给你和甜甜一个干净整洁的家，让你们在家里感到快乐。"爸爸继续启发妈妈："是啊，我们这么辛苦，说白了都是为了孩子，为了家。那么甜甜才四岁，不小心犯错是正常的，而且也不是特别严重的错误，地面再打扫一下就行，你又为何要对她歇斯底里，毫不留情地责骂她呢？今天你只顾着喊叫，我回来的时候看到甜甜正在瑟瑟发抖，哭也不敢哭。你可知道，再富丽堂皇、干净整洁的家，对于孩子而言，都没有爸爸妈妈对他们的爱更加重要。"在爸爸苦口婆心的劝说下，妈妈意识到自己的错误，懊悔不已。

的确，正如爸爸所说，孩子把东西洒到地上完全是正常现象，而且也是最小的错误，甚至根本称不上错误，因为孩子是无意间把东西洒到地上的，而不是故意这么做的。既然如此，父母为何还要揪住孩子的错误不放，对孩子恶言恶语呢？明智的父母会区分孩子错误的大小和轻重主次，也会根据孩子的年龄和错误的具体情况，有的放矢理性对待孩子。孩子犯错误的时候，原本就会精神紧张，这种情况下，父母如果非但不安抚孩子，还严厉批评和指责孩子，则孩子一定会更加恐惧。恐惧之下，孩子能够保证下次不犯错吗？当然不能。但是孩子也许会被逼无奈，在下次犯错的时候，采取撒谎的方式去逃避。不得不说，这是父母过于严厉对孩子产生的负面作用和影响，而这些反作用原本是可以避免的。

面对孩子的错误，明智的父母会以缓和的态度面对孩子，也会以更好的方式启迪孩子意识到自己的错误。当一味地批评对孩子不起作用，甚至让孩子因为紧张而再次犯错误，父母为何不能改变一种方式，让孩子感受到他们的宽容和友善，也积极主动地改正错误呢？父母一定要记住，在孩子犯错之后，最重要的不是恐吓孩子，而是首先要安抚孩子的情绪，减轻孩子的恐惧，其次要让孩子意识到自己的错误，从而避免下次再犯同样的错误。

第 03 章

孩子需要多激励,父母不要吝啬你的赏识

和以往父母总是否定和批评孩子,居高临下地对待孩子相比,现代社会的教育理念有了很大的进步,大多数父母都意识到"好孩子都是夸出来的"这个道理,因而更加欣赏孩子,也会适时地给予孩子激励和赞许。这就是所谓的"赏识教育",言简意赅地说,就是父母要多多发现孩子身上的优点和长处,从而才能最大限度激发孩子的潜能,让孩子发挥生命的力量,收获充实美好的人生。

毫不吝啬地夸赞孩子

很多父母都会犯哪壶不开提哪壶的错误,即始终盯着孩子的缺点看,而从来不会主动发现孩子的优点和长处。这样的父母一旦揪住孩子的缺点,就往往一叶障目,只看到孩子的缺点,不得不说,这完全不符合"好孩子都是夸出来的"的教育理念,更无法把孩子夸赞成他们所期望的样子。

实际上,当父母一心一意只盯着孩子的缺点,他们无形中就放大了孩子的缺点,也会诱导孩子同样盯着自己的缺点看。相反,如果父母能够更加主动地发现孩子的优点,那么孩子也能发现自己的优点,并且受到父母对他们中肯评价的影响,也能够积极主动地客观评价自己。在这种情况下,孩子们才会更加表现出优势,也对自己充满信心。要知道,孩子如同一张白纸来到这个世界上,依赖父母生存,因而他们对于父母的评价看得很重。特别是对于年幼的孩子而言,他们还不能客观中肯地评价自己,所以往往会把父母的评价作为对自己的认知。由此可见,父母的评价对于孩子将会起到多么重要的影响,作为父母,在对待孩子的时候一定要谨言慎行,既不要过分夸赞孩子,避免孩子妄自尊大,也不要过分贬低孩子,避免孩子过度自卑,在人生之中陷入困境。

在教养孩子的过程中,要想激发出孩子内在的力量,让孩子具有内驱力，父母就要多多强化孩子的优点，这样一来才能让孩子自我肯定，保持进步的姿态。否则，孩子的内心总是否定自己，毫无信心，又怎么可能在人生的道路上勇往直前呢？

有一个周末，妈妈带着甜甜去公园里玩。当天，风很大，所以公园里被乱扔的垃圾全都到处乱飞，环卫工人即使很努力地在打扫，也无法把所有的垃圾都及时清理干净。正在这个时候，甜甜手中拿着的冰淇淋吃完了，妈妈让甜甜去扔垃圾。甜甜走到垃圾桶旁边，把垃圾扔进去，有一个小袋子被风刮出垃圾桶，甜甜马上又去捡起来，再次扔到垃圾桶里。为了避免小袋子再次被风刮出来，甜甜还探头往垃圾桶里看了看，确保小袋子已经掉入垃圾桶的底部，不会再被风刮出来了。

看到甜甜的表现，妈妈在心中暗暗赞许。这个时候，有个年轻人扔的垃圾和甜甜的小袋子一样，被风刮出来。但是那个年轻人行色匆匆，扔掉垃圾就赶紧快步离开，甜甜走过去把垃圾捡起来，扔到垃圾桶里。妈妈对甜甜说："甜甜真棒啊，都能主动扔垃圾了，还帮着环卫阿姨打扫卫生呢！"得到妈妈的奖励，甜甜高兴极了，这时在一旁的环卫阿姨说："小朋友真的很棒，值得每个人学习呢！"甜甜更激动了，询问妈妈："妈妈，我可以站在这里提醒大家都把垃圾扔到垃圾桶里吗？这样的话，垃圾就不会满天飞了。"妈妈点点头，说："当然可以。甜甜非常棒，不但管理好自己的垃圾，也管理好别人的垃圾，这样公园里才会更加干净整洁，也更漂亮呢！"其实，妈妈心里暗暗想到："这个小丫头今天怎么表现这么好呢？平时在家里，让她把垃圾扔到垃圾桶里，她有的时候还不满意呢！"

这一天之后，甜甜有了打扫卫生、捡拾垃圾的经验，在家里的卫生表现也越来越好。她不但保证自己的垃圾全都进入垃圾桶，而且看到家里其他地方有垃圾的时候，也会主动打扫，帮助妈妈分担家务活儿。妈妈觉得甜甜就像变了个人似的，更加真诚地夸赞甜甜，甜甜打扫卫生也就更加卖力。

如果你想让一个人变成你所期望的样子，最好不要总是对这个人吹毛求疵，也不要总是挑剔和苛责这个人。相反，你要更加努力赞美这个人，从而让他主动地按照你所赞美的样子去做，也真正变成你所赞美的样子。对于甜甜，妈妈正是抓住甜甜在公园里表现良好的契机，毫不吝啬地赞美甜甜，所以甜甜才能更加把自己的优点发扬光大，最终真的成为一个文明卫生的小标兵。

父母要想教养孩子更轻松，就要发掘孩子身上的闪光点，从而对孩子多加鼓励和赞扬。这样一来，孩子才能对自己形成正确的自我认知，也对自己高标准严要求，主动自发地追求进步。这样一来，父母教养孩子就会变得很轻松，再也不用整日都和孩子发生争执，也不用为了督促孩子做某些事情而歇斯底里。记住，孩子的生命有内在的驱动力，父母要做的不是给孩子提供外部的驱动力，而是不断地激励孩子进步，让孩子主动自发地提升和完善自我，变得越来越优秀。

当着他人的面夸赞孩子

很多父母都不懂得夸赞孩子，当意识到夸赞孩子的重要性之后，他们又会因为没有掌握夸赞的方法，导致夸赞无法起到预期的效果。实际上，夸赞孩子是很有技巧的，例如可以当面夸赞孩子，也可以在背后夸赞孩子，等到孩子从他人口中听到父母对自己的夸赞，一定会感到很高兴。除了这些方法之外，还有一种卓有成效的夸赞方法，那就是当着他人的面夸赞孩子。

孩子虽然小，但是内心很敏感，他们愿意得到父母的认可和肯定，这是因为父母是他们最在乎的人。为了满足孩子的心理需求，父母除了不吝啬夸赞之外，更要迎合孩子，当着他人的面夸赞孩子。这样一来，孩子会受到更大的鼓励，从而有更好的表现。从心理学的角度而言，父母当着他人的面夸赞孩子，首先意味着父母是非常信任和尊重孩子的，孩子最渴望自己能够快快成长起来，得到父母的重视和平等对待。父母当着他人的面夸赞孩子，恰恰满足了孩子的这种心理，让孩子更加勇敢自信，也能够主动自发地纠正自身的不良行为。其次，当着他人的面夸赞孩子，还让孩子觉得很有面子。也许有些父母会说，小屁孩哪里会讲究面子呢？事实与父母的这种错误想法恰恰相反，小屁孩不但讲究面子，而且很看重面子。当然，过度爱慕虚荣是不好的，但是适度的虚荣心会让孩子拥有更多的力量努力奋进。所以父母要把握好夸赞孩子的度，也要挑选合适的时机夸赞孩子，这样才能让夸赞起到事半功倍的效果。

甜甜才四岁，但是已经有了强烈的自尊心。有一次，奶奶带着甜甜在公园里玩耍的时候，和其他小朋友说起甜甜的脾气很坏，常常乱发脾气，甜甜当即跑到奶奶面前，吹胡子瞪眼睛地对奶奶说："奶奶，你不要讲我。"其实，奶奶也不是要故意讲甜甜坏话，而是觉得甜甜还小，应该没有相关的意识，所以说起话来也就无所顾忌。自从这次被甜甜提意见，被要求不许再讲之后，奶奶就引以为戒，此后再也没有当着别人的面说过甜甜不好的地方。

有一次，家里来了客人，甜甜因为过度兴奋，总是在捣乱。奶奶突然想起甜甜上次不让讲的事情，想道：假如当着别人的面表扬甜甜，会有怎样的结果呢？为此，奶奶当即表扬甜甜："我家甜甜可乖巧了，特别听话，从来不捣乱。甜甜最喜欢看书，尤其喜欢看绘本，常常拿着一本绘本聚精会神地看，把时间都忘记了呢！"说完之后，奶奶就留心观察甜甜的表现。果不其然，甜甜马上就不疯了，而是从书柜里拿出一本书，坐在沙发上认认真真地看起来。奶奶的计谋得逞很高兴，当即又对客人说："看吧，我家甜甜很乖吧！"客人得到奶奶的示意，也连胜夸赞甜甜，甜甜后面的表现也越来越好。

在这个事例中，甜甜的转变为何这么明显呢？究其原因，是因为奶奶故意当着客人的面夸赞甜甜，而且把甜甜说成奶奶所期望的样子。这正验证了一句话，要想改变一个人，就要把这个人说成你所期望的样子，并且常常按照你所期望的样子去夸赞他，效果一定很不错。的确如此，甜甜就是被奶奶夸听话懂事，才乖巧安静地坐着看书的。

很多父母都为不能有效地管理孩子而感到烦恼。实际上，孩子不需要父母的管理，只需要父母的引导。父母一味地强制要求孩子，或者是野蛮地限制禁锢孩子，并不能起到良好的效果。明智的父母知道，与其强迫孩子，不如夸赞孩子，所谓强扭的瓜不甜，父母终究不能把孩子捆绑起来，那么不如调整思路，换一种方法，让孩子主动自发地做出好的表现。

现实生活中，孩子都有各种各样的性格特点和为人处世的作风。例如有的孩子很小气，对于来到家里的小客人不愿意分享，那么父母千万不要批评孩子吝啬、抠门，而要赞美孩子非常大方，也很乐于分享，这样孩子才会有更好的表现，也会主动把自己的玩具和零食都分享给小客人。再如，有的孩子脾气不好，父母如果总是在孩子面前强调孩子的坏脾气，则孩子的坏脾气只会变本加厉。这种类似于给孩子贴上负面标签行为，会让孩子的表现越来越差。明智的父母知道，不是不可以给孩子贴标签，而是应该给孩子贴上正面的标签，同时对孩子起到激励的作用，让孩子表现更好。

作为父母，不要在孩子的问题上过度谦虚。例如有的父母在听到外人当着他们和孩子的面表扬孩子学习成绩好、懂事乖巧等优点的时候，总是盲目谦虚，丝毫不顾及孩子就在眼前，而是马上表示否定："哪里，哪里，学习也就是一般般，脾气还不好。一旦发起脾气来，就像一头小驴一样让人招架不了，根本不像你现在看到的样子。"试问，在父母这样的盲目谦虚之下，假如你是孩子，你会感到高兴吗？只怕你心中万分委屈，还会默默地告诉自己：从此之后，我再也不要表现好，因为即使我表现好，我在爸爸妈妈心中也是这么糟糕的样子。孩子根本不知道父母是在谦虚，他们误认为父母所说出来的话就是心里话，就是对他们客观中肯的评价，所以当父母对他们评价过低，他们往往会破罐子破摔，不愿意继续努力做最好的自己。长此以往，孩子必然缺乏自信，在面对很多人和很多事情的时候，也总是消极悲观，根本无法提起信心，勇敢面对。这都是父母导致的。由此可见，父母的一言一行对于孩子都会起到至关重要的影响，那么作为明智的父母，千万不要不假思索就对孩子做出评价，要更加用心地当着他人的面赞赏孩子，这样孩子才会有信心，也才会积极主动地让自己有更好的表现。

发现孩子的小小进步，及时给予肯定

很多父母都抱怨孩子不知道父母的爱有多深，他们却不知道，很多孩子也在抱怨父母不知道孩子对父母的信任有多大。实际上，每个孩子都是一个充满能量的小宇宙，在孩子们还不能自主地发掘自身的潜力时，父母对于孩子的欣赏程度，往往决定了孩子的自我认知。作为父母，不要希望孩子能够在很多事情方面都有极佳的表现，而要意识到孩子不是完美的，孩子的进步是缓慢的，孩子的成长也是要一步一步进行下去的。既然如此，父母就不要总是催促孩子，也不要嫌弃孩子不够完美。当父母能够悦纳孩子，那么对于孩子任何小小的进步，父母都会觉得很惊喜，也会给予孩子大大的支持和鼓励。

有些父母觉得很多事情都是孩子应该做的，哪怕孩子张口向他们要鼓励，他们也很吝啬，根本不愿意表扬孩子，还美其名曰怕孩子骄傲。这些父母从不知道他们的认可与肯定对孩子有多么重要，也不知道当他们拒绝表扬孩子的那一刻，孩子们有多么失望。明智的父母不会过度苛责孩子，更不会在任何情况下都对孩子板起面孔，总是批评和否定孩子。他们知道好孩子都是夸出来的，也愿意用慷慨的赞美给予孩子更大的信心和勇气。

自从升入六年级，妈妈对于乐乐的要求越来越高，眼看着还有不到一年的时间就要参加小升初的考试，妈妈每天最重要的任务就是督促乐乐学习。有一次，乐乐刚刚放学回家，就兴致勃勃地告诉妈妈："妈妈，我今天英语默写考了一百分。"妈妈心里很高兴，因为乐乐此前很少考一百分，总是九十分或者八十分，但是因为担心乐乐骄傲，妈妈强忍着内心的喜悦淡然地说："哦，很不错啊。你终于加入了一百分的队伍。"显而易见，乐乐对妈妈的回答不那么满意，因而说："妈妈，你不准备表扬我一下吗？"妈妈说："这有什么好表扬的呢？你们班级里每天都有十几个同学考一百分，你早就应该考一百分，这是你的分内之事。"妈妈正在厨房里做饭，说完这番话就又开始挥动炒勺，她根本没有看到乐乐脸上落寞的表情。

过了没几天，又是英语默写，这次乐乐只考了七十分。妈妈一看到这个成绩就着急了，乐乐刚刚回家，妈妈就质问乐乐："乐乐，你怎么才考了七十分，平时不是至少也能考个八九十吗？"乐乐无精打采地说："考七十分怎么了，反正我考一百分你也不高兴，那么我考七十分你也不应该失望或者生气。"听到乐乐这句话，妈妈当即意识到症结所在，赶紧向乐乐解释："我怎么不高兴啊？你上次考一百分，妈妈特别高兴，但是妈妈担心你会因为骄傲而落后，所以才故意波澜不惊的。"听了妈妈的回答，乐乐有些半信半疑："你真的高兴吗？"妈妈点点头，说："妈妈特别高兴，而且祈祷着你每天都能考满分。你知道么，默写的单词、词组和句子等，都是学习英语的基础，如果你不能好好掌握，英语就学不好。所以妈妈希望你能够继续努力，再接再厉，至于这次七十分，我就当作是你在闹情绪，忽略不计，好吗？"乐乐看到妈妈这么宽容，高兴地点点头，说："妈妈，下次我会继续努力的。"

在这个事例中，乐乐好不容易才考了英语默写一百分，他自己是很骄傲和自豪的，但是回到家里兴致勃勃地告诉妈妈这个好消息时，妈妈却无动于衷。对于乐乐而言，他的满腔热血就像遭遇了一盆冷水，所以他对于妈妈的反应和表现感到很失望。遗憾的是，妈妈只想着要避免乐乐骄傲，根本没想到自己的态度会给乐乐这么严重的影响。在意识到问题之后，妈妈及时改正，向乐乐解释自己的表现，也与乐乐进行了深入沟通。因而，他们母子俩之间才能冰释前嫌，乐乐也表示要继续努力，在下一次默写中取得好成绩。

作为父母，一定要把孩子点点滴滴的进步都看在眼里，更要及时地鼓励孩子，给予孩子更大的力量。孩子的心思是很单纯的，在他们眼中，父母和老师的赞扬都非常重要。为此，父母也要意识到自己在孩子心目中的重要地位，从而才能说出符合自己身份的话，也才能第一时间就借助于孩子进步的机会，给予孩子更大的鼓励。当父母坚持鼓励孩子，赞赏孩子，就会发现他们小小的赞赏，会换来孩子更大的进步。最重要的是，孩子在感情上得到满足，与父母的亲子关系也会发展良好，感情深厚。对于父母而言，这不就是最重要的吗？

每个人都是社会的一员，都在集体中生活，都希望通过自身的努力，能够最大限度激发出对生命的热情和渴望。孩子虽小，也是独立的生命个体，也有自己的小小心思和心愿。作为父母，一定要及时敏感地觉察孩子的内心，给予孩子情绪上的满足，也帮助孩子成就更优秀的自我。任何时候，父母的认可、赞许和鼓励，对于孩子而言都是不可替代的。即使孩子长大成人，在生活中和工作中有所发展，父母也要及时肯定孩子，认可孩子，从而让孩子从父母对他们的感情之中汲取精神力量，更加勇往直前地做好人生中的每一件事情。

肯定孩子，才能激励孩子

孩子刚刚出生的时候，父母看着肥白可爱的孩子，不假思索地就认为自己的孩子是最优秀的。殊不知，这只是父母一厢情愿的想法而已，这个世界上绝没有完美的人存在，孩子也是不完美的。因而随着孩子的不断成长，父母会发现孩子渐渐地暴露出很多的缺点和不足，在此过程中，明智的父母悦纳孩子，而有些父母则会因为失望开始怀疑孩子，也对孩子百般挑剔。作为父母，不妨反思自己：既然我们对孩子提出那么多苛刻的要求，我们自身又是完美的吗？当然不是，答案肯定是否定的。每一个孩子都不是绝对完美的，作为父母，要学会接纳孩子的缺点和不足，才能发自内心地肯定孩子。

有人说，每个人都是被上帝咬过一口的苹果，然而，这并不影响苹果的芬芳。细心的父母也会发现，尽管孩子有着各种各样的缺点和不足，但是这并不影响父母爱孩子，也不影响孩子成为一个健康快乐的人。最重要的在于，父母要无条件接纳孩子，这样才能肯定孩子，激励孩子，给予孩子精神上的强大力量。

卡耐基作为大名鼎鼎的成功学大师，小时候的表现并不好。在整个村庄里，他都臭名昭著，因为他总是四处捣乱，每天都不回家，混迹于社会，导致名声很坏。由于妈妈很早就去世了，爸爸又觉得卡耐基无药可救，对卡耐基彻底放弃希望，所以卡耐基的恶劣表现大有愈演愈烈的趋势。

在卡耐基九岁时，爸爸娶了一个新妻子。结婚当天，爸爸把新妻子带回家里，指着卡耐基对新妻子说："看看吧，你可要小心，因为站在你眼前的这个男孩一无是处，在整个村庄都是出了名的坏。如果你一不小心，就会受到他的攻击，甚至会被他害得很惨。总而言之，你必须小心翼翼。"对于爸爸的介绍，新妻子惊讶地长大嘴巴半天都合不拢，她不知道作为一个父亲为何要把自己的儿子说得这么不堪。显而易见，卡耐基已经习惯了爸爸这样在他人面前介绍自己。但是眼前的这个人不同，她是卡耐基的继母，将会和卡耐基一起生活，为此卡耐基觉得很难为情，羞愧地低下头。当着卡耐基的面，新妻子什么都没有说，而是蹲下来抚摸着卡耐基的头，看着卡耐基的眼睛，说："他可不是最调皮的孩子。"听到这句话，卡耐基的眼睛里泛出光亮。新妻子继续说："他只是非常聪明而已，他需要找到正确的地方发泄他的多余精力，做出属于他的成就。"这句话戳中了卡耐基心中最柔软的地方，他的眼泪簌簌而下。从此之后，在继母的鼓励下，卡耐基就像彻底变了一个人一样，最后做出了伟大的成就。

可以说，是继母改变了卡耐基的一生。否则，父亲只能看到卡耐基顽劣的一面，而没有看到卡耐基的聪明才智。如果不是继母发现了卡耐基的优点，而且真诚地认可和鼓励卡耐基，那么卡耐基的一生都会被耽误。幸好，继母的赏识和引导，让卡耐基找到了人生的方向，也使他成为大名鼎鼎的成功学大师，得以向全世界的人传授成功的经验。

在教育孩子的过程中，每个父母都要认识到孩子的优点，给予孩子发自内心的真诚赞美。孩子并不像很多父母误以为的那样是迟钝的、不敏感的。实际上，孩子虽然小，但是他们非常敏感，也能意识到外界对于他们的态度有何变化。对于那些缺点更加明显的孩子，父母更要努力发现孩子的优点。所谓瑕不掩瑜，孩子的缺点之下也许正隐藏着改变他们一生的优点，父母一定要擦亮眼睛，不要错过孩子的成长。

从成功学的角度而言，一个人要想获得成功，必须讲究天时地利人和，还需要具备很多方面的条件。但是，只有这些条件还是不够的，因为孩子首先要有成功的欲望，才能坚持努力。如何激活孩子对于成功的欲望呢？父母的鼓励是不可缺少的诱导因素，会激发孩子的自信，给予孩子更好的成长和未来。反之，父母总是否定和批评孩子，一味地盯着孩子的缺点看，而不能主动发现孩子的优点，那么在父母持续的打击和否定之下，孩子就会自暴自弃，信心全无。所以明智的父母会坚持发现孩子的优点和长处，坚持鼓励孩子，激发孩子的潜能和力量。唯有如此，孩子才会更加充满力量，健康茁壮地成长。

不要否定孩子的人生

如今，很多父母都知道积极的心理暗示具有强大的力量，而消极的心理暗示则会让孩子灰心丧气，信心全无，在人生之中也陷入困境。为此，大多数父母都不会再给孩子贴上负面的标签。然而，只做到这一点是不够的，最重要的是，还要避免否定孩子的人生。也许有些父母会问，给孩子贴上负面的标签和否定孩子的人生有什么区别呢？当然有区别。给孩子贴上负面的标签，往往是对孩子某个方面的能力做出否定，而否定孩子的人生，则是对孩子进行预言，判定孩子未来的人生缺乏希望，也根本不可能获得成功。不得不说，这就是给孩子消极的心理暗示，会导致孩子的人生轨迹发生改变。

说到消极的心理暗示，就不得不提到积极的心理暗示。很久以前，西方的一位心理学家为了证实积极的心理暗示给予孩子带来的影响和作用，特意来到一所学校里，在对所有学生进行心理测试之后，又随机抽取了二十名学生，并且向全校师生公布这二十名学生是经过测试筛选出来的天赋异禀的孩子，将来一定会有伟大的成就。公布完这个所谓的测试结果之后，教授就开始对这二十名学生进行跟踪调查。结果发现，这二十名学生原本很普通，但是在被断言会有杰出的成就之后，就变得非常努力，也信心十足。他们在学习方面有了突飞猛进的发展，成为所有学生中的佼佼者。后来，他们走上社会，也成为高精尖的精英人才。然而只有教授知道，这二十名学生根本不是经过测试选拔出来的，而是随机抽取的。这也就证明积极的心理暗示会给人生带来巨大的改变。同样的道理，消极的心理暗示也会给人带来巨大的改变，但是消极的心理暗示不是催人奋进，而是让人落后和消沉。

小米和小麦的父母是同事，她们两家都住在父母单位分配的房子里，就是楼上楼下一层楼板的距离。一开始，小米学习成绩非常好，小麦的成绩则很普通。但是自从升入初中之后，小米的成绩节节下滑，而小麦的成绩则越来越好。这到底是为什么呢？

原来，小米的爸爸妈妈是单位里的高级技术人员，年轻的时候都是学霸级的人物。他们对于小米的要求很高，每当看到小米在学习上有瑕疵，或者出现错误，爸爸妈妈总是异口同声地说："你这个丫头怎么这么笨呢，还不如我们当年呢，条件那么艰苦，还考上了大学。你这也就是赶在好时候，条件好，才能在学习上有所进步。要是把你放在我们那个时代，你早就被淘汰了。"长此以往，小米就这样听着父母的否定长大，渐渐地，信心全无，对于学习也没了兴致。

与小米的爸爸妈妈不同，小麦的爸爸妈妈都是单位里最普通的职工，做着最粗笨的活计。为此，爸爸妈妈对小麦的期望很适度，不会对小麦提出过高的要求。正是因为如此，每当小麦在学习上有小小的进步，爸爸妈妈都会非常欣喜地说："小麦，你可真厉害，比爸爸妈妈强多了。你继续保持这样的学习劲头，将来一定能够考上好大学，不会像爸爸妈妈这样没出息，一辈子只能和车床打交道。"每当听到爸爸妈妈这么说，懂事的小麦总是安慰爸爸妈妈："放心吧，爸妈，我一定很努力，考上好大学，给你们的脸上增光。不过，你们都是我最爱的爸爸妈妈，你们辛苦地工作，抚养我长大，是世界上最伟大的爸爸妈妈。"就这样，在小麦家里，全家人相互鼓励，彼此支持，从未泄气过。最终，小麦在学习上缓慢地进步，一步一步地往上爬，居然真的考入重点高中，并且于三年后顺利考入理想的大学。

这两个家庭的教育氛围截然不同，小米的爸爸妈妈总是否定小米，对小米的人生下否定的语言，而小麦的爸爸妈妈虽然没有文化，却对小麦始终采取肯定的态度。日久天长，小麦的信心越来越强，也就能够在人生之中有出色的表现。

作为父母一定要记住，不管孩子是完美、出类拔萃，还是表现恶劣、甘居人后，都绝不要对孩子进行否定的预判，更不要不假思索地说孩子"没出息""脑袋笨"这样的话。否则，非但不能以这样极端的方式激励孩子奋发向上，不断进步，还有可能导致孩子的内心受到伤害，自尊和自信同时消失。从这个角度而言，父母要想让孩子变成他们所期望的样子，就要先反省自己，从而才能给予孩子正确的评价和判断，也让孩子在父母积极的引导下扬起信心的风帆，在人生之中扬帆起航。

孩子不是用来比较的

很多父母都会在不知不觉中犯一个错误，那就是喜欢拿自己的孩子与别人家的孩子比较。这里所说的别人家的孩子，有可能是同事家里的孩子、亲戚家里的孩子、同一个班级或者年级里的孩子，甚至还有可能是完全不相干的孩子。父母不知道，这样不负责任的比较不但会伤害孩子的自尊心，也会导致孩子的成长受到很大的挫折和打击。父母必须知道，每个孩子都是这个世界上独一无二的生命个体，当父母总是把孩子与其他孩子进行比较，无形中就把孩子与其他孩子同化，也就抹杀了孩子的特立独行之处。反过来想，假如孩子抱怨自己的父母没有其他孩子的父母那么优秀，那么成功，作为父母又会作何感想呢？一定会很伤心，想不通孩子为何要否定自己，无视自己的努力。对于孩子而言，当被父母不负责任地拿去比较时，他们也会是同样的心境。

父母生孩子，辛苦地养育孩子，绝不是为了让自己多一个与他人比较的资本。认清楚这一点，父母才能更加理性地对待孩子，也才能在与孩子相处的过程中尊重孩子的独特性，爱护孩子的天性，从而友好地与孩子相处。孩子不是工厂里流水线上千篇一律的产品，也不是一个模子里刻出来的彼此的复制品。当父母不再把孩子作为比较的对象，更加尊重孩子，才是有利于孩子成长的。

上一次考试，乐乐的语文成绩有了很大的提升，居然考了全班第一名，妈妈很高兴，不但赞赏乐乐，还给予了乐乐小小的物质奖励。然而，一个月后的月考，乐乐的语文成绩只考了班级里的第十八名。看到这样的成绩，妈妈一下子接受不了，问乐乐："你前面有十七个人，这是怎么回事？"对于妈妈的提问，乐乐也不知道该如何回答。看着乐乐呆愣的样子，妈妈生气地说："你就是这样进步的吗？人家都进步，只有你退步。你知道你的同桌思雨，上一次是二十五名，这一次一跃成为第八名。你就算不进步，也至少不能有这么大的浮动吧！你呀，就是不如思雨，上次你的第一名完全是捡来的，纯属侥幸。"妈妈的这番话刺激得乐乐当场哭起来，对于妈妈的否定，乐乐觉得很伤心。

整个晚上，乐乐都不愿意和妈妈交流，而是躲在自己的房间里默默地掉眼泪。爸爸回家后，问清楚事情的原委，得知妈妈对乐乐说出那么过分的话，当即狠狠地批评妈妈。妈妈在爸爸的批评下反省之后，也意识到自己不应该对乐乐说出那么重的话，因而很懊悔。

在这个事例中，妈妈之所以会伤乐乐的心，是因为她看到乐乐的学习成绩有波动，就肆无忌惮地拿乐乐与思雨进行比较，还下结论说思雨不如乐乐，这严重地刺伤了乐乐的自尊心，也导致乐乐伤心不已。实际上，父母尽管生养了孩子，却不能把孩子当成是自己的一个物件去与其他孩子比较。例如很多女性朋友在一起会比较谁的裙子更漂亮，男性朋友在一起会比较谁在事业上的成就更高，唯独孩子是不能拿来比较的。因为每个孩子都与众不同，也没有硬性的标准可以让他们比较。当父母把孩子与其他孩子进行比较，就意味着他们不尊重孩子。在此过程中，孩子当然会感到伤心。作为父母，即使发现孩子在某个方面有一些不足，也不要总是以孩子的不足去比较其他孩子的优点，否则就会严重打击孩子的自信心，从而导致孩子内心困惑，不知所措。

如果父母真的要把孩子的点滴表现进行比较，可以把孩子现在的表现与之前的表现比较，这样一来，可以知道孩子是进步还是退步。有进步，要及时表扬孩子。发现退步，也不要着急，因为孩子的成长原本就不是直线上升的过程，父母必须更加理性面对孩子的成长，及时地给予孩子支持和帮助，才能给予孩子成长的力量，才能帮助孩子成功地保持进步的姿态。

多多赞美，孩子才会主动改善缺点

如何才能有效地帮助孩子改掉缺点呢？对于很多父母而言，这是个难题，也常常让他们感到束手无策和抓狂。实际上，帮助孩子改掉缺点的方式有很多，当发现无论怎么努力提醒和督促都无法让孩子卓有成效地改掉缺点时，父母不如改变一下思路，采取赞美的方式鼓励孩子改变缺点，也许反而能够让孩子心甘情愿地改变。

每个孩子都渴望得到父母的肯定和认可，对于他们而言，父母的赞美是世界上最动听的语言。既然如此，父母为何还要与孩子吹胡子瞪眼睛，去强迫孩子改掉缺点呢？赞美不仅适用于亲子之间的交往，也适用于成人的人际关系，是人际交往的杀手锏，也是一门人际交往的艺术。当父母能够正确运用赞美的力量，多多发现和肯定孩子的优点，并且以赞美的方式扩大孩子的优点，孩子就会从消极心态转化为积极心态，也能够积极主动地改变自身的错误思想和行为，从而真正地弥补缺点，完善自己的不足。

乐乐是个体型偏胖的孩子，平日里虽然最喜欢上体育课，但是到了要测试体育成绩的时候，他就会很担心，因为他害怕自己因为体育成绩不好而被老师批评。每当到了开展运动会的时候，全班同学都很开心，大家也积极地报名参加运动项目，唯独乐乐不愿意参加，因为他怕自己作为体育落后生的身份被全校同学都看到。

这天放学后，乐乐回到家里，愁眉苦脸地对妈妈说："妈妈，明天要测试跑步，决定运动会报名项目，我可以不去上学吗？"妈妈很惊讶："你不是最喜欢上体育课吗？怎么又不想去上课了呢？"乐乐发愁地说："但是，我跑步很慢，我不想让大家都看到我慢吞吞地跑步。"不管妈妈好说歹说，乐乐就是不想去上课，不想参加跑步测试。最终，妈妈无奈地说："你都已经是小胖墩了，还不愿意去运动，将来非得成个大胖子。"母子俩之间的谈话就这样结束了。

晚上，爸爸回家之后看到乐乐愁眉苦脸的样子，又和乐乐进行了沟通。爸爸鼓励乐乐："儿子，你虽然短跑慢，但是你长跑很有耐性，因为你体力强，有耐力。和那些如同豆芽菜一样的同学相比，你当然有更大的优势，所以你明天可以主动申请参加长跑测试，一定会取得不错的成绩。"乐乐觉得爸爸说的话很有道理，当即表示认可，还说自己要成为长跑王呢！实际上，爸爸只是以此来安抚乐乐的情绪。次日，乐乐不仅参加了长跑测试，也参加了短跑测试，结果证实他的长跑成绩很优秀，短跑成绩也不错呢！

在这个事例中，爸爸感受到乐乐的畏缩心理，因而鼓励乐乐要更加勇敢，还帮着乐乐发掘出自身的优势所在。其实，爸爸的目的是激发起乐乐的自信心，让乐乐能够在赞美之下鼓起勇气，勇敢地迎接即将到来的跑步测试。果不其然，乐乐在爸爸的赞美下心情放松，反而取得了不错的成绩。

在现实生活中，很多父母都不懂得赞美孩子的艺术，他们第一时间就会批评和否定孩子，全然没有想到这样的否定会打击孩子的自信，让孩子对于自己信心全无。在家庭教育中，父母要想对孩子的教育事半功倍，就要多多注意。首先，不要对孩子要求太高，否则就会导致孩子不堪重负，承受太大的压力。其次，父母要悦纳孩子，既欣赏孩子的优点和长处，也接纳孩子的缺点和不足。最后，父母也不完美，所以不要苛求孩子完美，然而即使是不完美的孩子，也有权利接受父母由衷的赞美。从现在开始，我们就要多多赞美孩子，不但赞美孩子的优点和长处，也要用赞美的方法鼓励孩子改掉缺点和短处，这样孩子才会变得更优秀，更出类拔萃！

第 04 章

接纳孩子的不完美，别让你的要求成为孩子的负担

常言道，金无足赤，人无完人，在这个世界上，有谁是完美的呢？偏偏有很多父母都苛求孩子完美，却不知道父母过高的要求会成为孩子沉重的负担，让孩子不堪重负，也让孩子心力交瘁。真正明智的父母，不但会接纳孩子的优点和长处，也会接纳孩子的缺点和不足，这样才能与孩子更好地相处，也能在与孩子相处的过程中，给予孩子更多的爱与自由，让孩子真正为生命的存在而惊喜，感受到发自内心的喜悦。

爱要适度，不要变成对孩子的束缚和负担

毫无疑问，每个孩子都很爱自己的父母，即使父母不表白自己对孩子的爱，这一点也是毋庸置疑的。父母对孩子的爱不但深沉、无私，而且还很浓厚。然而，大多数父母都没有意识到，一旦父母对于孩子的爱过于深沉，反而会对孩子形成一定的害处，例如众所周知溺爱是对孩子最大的害，就是这个道理。所以父母在爱孩子的时候，不能只凭着本能，而要怀有积极的态度和理性的思考，用恰到好处的方式给予孩子适度的爱。这样的爱，才能不断地激励孩子成长，也才能给孩子的人生助力。

现实生活中，很多父母爱孩子都会不知不觉间犯过度的错误，他们不但爱孩子的方式错了，而且也给予了孩子太多的爱，让孩子觉得沉重。父母不知道的是，过度的爱会束缚孩子，也会给孩子内心带来沉重的心理负担，导致孩子在成长的过程中束手束脚。毫无疑问，这样的爱对于孩子的成长是没有任何好处的。

琪琪是个乖巧可爱的女孩，尤其是在音乐方面，表现出独特的天赋。看着长相甜美的琪琪唱着歌，眼睛里流露出光芒，妈妈的心都要融化了。她当即决定要把琪琪培养成一个音乐家。后来，妈妈发现琪琪对于演奏小提琴很有兴趣，还专门花费很多钱为琪琪购置了名牌的小提

琴,又请了老师来教琪琪演奏小提琴。一开始,琪琪还对小提琴的学习满怀兴趣,但是随着妈妈对她的期望越来越高,她也觉得非常疲惫,居然向妈妈提出不想学习小提琴了。

对此,妈妈非常生气,当即对琪琪展开控诉:"琪琪,你知道妈妈为了支持你学习小提琴,付出了多少吗?家里本来就没有那么钱,我借钱给你买小提琴,还不惜重金为你聘请老师。为了让你每个月都能得到名师的指点,我还每个月一趟地带着你去上海,一个小时一千块钱的学费啊,每次还学两个小时。你现在说不想学习,对得起妈妈的努力付出吗?"听了妈妈的话,琪琪也很懊恼:"你总是说为我好,无非就是你年轻的时候想成为艺术家的梦想没有实现,所以才这么要求我。我告诉你,我只想把小提琴当成个乐趣,根本不想成为什么艺术家。我不想学了,不管你怎么说,我都不愿意继续学习。"看着心意已决的琪琪,妈妈也没有什么好办法,看着闲置的小提琴,妈妈更是觉得非常心痛。

无数个父母都打着一切为了孩子好的旗号,在残忍地绑架孩子,控制孩子。不知不觉间,他们就把自己未完成的人生梦想寄托在孩子身上,而且对孩子提出很多过分苛刻的要求。实际上,父母名义上是爱孩子,心底里却更爱自己。著名心理学家武志红曾说,父母正在以孩子为资本,获得竞争性快乐。其实我们前文也说过类似的话题,那就是父母不要总是把孩子拿去与其他孩子比较,让孩子被动接受竞争。每个孩子都是独立的生命个体,这个世界上也许有很多东西都可以拿来比较,唯独孩子,是不可比较的。因为孩子不像金钱和物质可以量化,孩子是特立独行的,孩子有自己独特的生命,每个孩子还有自身的优缺点,根本无法逐一对照着进行比较。因而从心理学的角度而言,当父母把孩子与其他孩子比较，无形中就已经把孩子当成自己的私有物品，也把孩子当成可以量化的存在，更把孩子当成自己获得竞争性快乐的基础。如果不是父母的行为使然，孩子原本的快乐非常简单纯粹，愿望得到满足，孩子就会很快乐。孩子从来不像父母那样，必须在与人比较的过程中占据优势，才能感受到快乐。从这个角度而言，在不断成长的过程中，孩子不断地被世俗同化，承受着巨大的精神压力，所以也离快乐越来越远，最终导致人生陷入困境之中，无法自拔。

每一位父母对孩子的爱都应该是无私的，在孩子小时候，父母的爱的确如此。大多数父母都希望孩子能够健康快乐就好，然而随着孩子不断地成长，当孩子进入幼儿园，开始最初的社会生活，与更多同龄的小伙伴在一起，痛苦的比较也就随之开始，父母沉重的爱更是给了孩子不能承受的重量，导致孩子在命运之中起起伏伏，根本不能自主。虽然有很多父母抱怨社会的生存压力太大，让每个人都感到窒息，整日不停地忙碌，实际上，社会的确有问题，然而更大的问题却出在父母身上。即使全民都陷入教育焦虑状态，父母也可以做到内心淡然，以自己的那套方式方法去应对孩子的成长。唯有父母摆正心态，以正确的态度面对孩子，孩子才会获得更快乐的童年，也在成长的过程中收获更多人生宝贵的经验和感受。父母也要知道，对于孩子而言什么才是真正的成长，否则孩子又为何要牺牲自我，去迎合父母竞争的需要呢？

此外，父母还要调整好心态，不要怀着先入为主的态度去对孩子好。很多父母都总是犯这样的错误，即把自己认为好的全部都给孩子，却从未想过自己给孩子的，是否是孩子真正需要的。这样一来，当父母给的与孩子需要的根本不相符，孩子当然会在与父母的相处中陷入困境，也会因此导致亲子关系紧张。还有的父母为了孩子而毫无限度地牺牲自己，又在孩子的发展不能让他们如愿的时候，对孩子百般挑剔。这样的父母必须划清自己与孩子的界限，也要知道他们的盲目牺牲并不能给孩子带来真正的幸福快乐。父母对孩子的爱是无私的，却应该有一定的限度，只有适度的爱才能给孩子带来更好的生存体验，也让孩子在与父母相处时感到轻松快乐。

适度引导和控制孩子，才是对孩子真正的爱

父母毫无限度对孩子付出的爱，并不能使孩子感受到真正的轻松快乐，反而，因为父母对他们的爱太过沉重，孩子还会为此感到被束缚。在这样的情况下，父母也要端正心态，意识到对孩子的爱尽管要无私，却不能毫无限度。尤其是当付出爱的时候，更要考虑到孩子的天性和需要，才能有的放矢对孩子付出爱，满足孩子对于爱的渴望和需求。遗憾的是，现实生活中，有很多父母都一味地对孩子付出，毫无原则性，也没有具体明确的目的。在他们心目中，付出爱已经成为本能，而不是与孩子相处的方式，更不是对孩子的指引和成就。

因为爱孩子，很多父母还对孩子骄纵宠溺，无限度地满足孩子的一切愿望，而从未想过孩子如何面对未来的人生。在这个世界上，绝没有任何人还会和父母一样爱孩子，包容孩子，无限度地给予孩子满足。如果父母因为宠爱孩子而总是满足孩子，毫无疑问，这种方式的爱是溺爱，也是害了孩子。当孩子遇到难题的时候，父母也不要代替孩子去解

决一切问题，为孩子消除横亘在他们面前的所有困难，而要会意识到必须鼓励孩子独立面对问题，解决难题，从而才能不断地提升孩子的生存能力，也给予孩子更大的空间去成长。唯有建立在这个基础上的爱，才能起到尊重孩子、培养孩子健康向上并且努力成长的作用。

小梦从小就喜欢吃麦当劳、肯德基等垃圾食物，为此长得特别胖，成了不折不扣的小胖墩。实际上，小梦的体重并非是她自己的原因导致的，也与从小父母就对她过分骄纵有关系。例如，小时候妈妈发现小梦喜欢吃汉堡，就每天都买一个汉堡，给小梦当零食。除了吃正餐之外，再来一个这种高热量的汉堡，可想而知小梦的体重蹭蹭地往上涨。一开始，妈妈还说小梦是强壮结实，身体健康。因而当有朋友建议妈妈不要总是给小梦吃汉堡的时候，妈妈还不以为然地说："孩子长得快，消耗大，吃个汉堡也没关系。而且她爱吃，我就喜欢看着她津津有味吃汉堡的样子。"对此，朋友很无语，再也不多事地提醒她了。

有一次，小梦觉得肚子疼，妈妈带她去医院检查。经过医生诊断，是阑尾炎，然而在做B超的时候，医生发现小梦有轻度脂肪肝。妈妈感到非常惊讶，询问医生："这么小的孩子，怎么就会有脂肪肝了呢？"医生反问妈妈："你看她长得这么胖，能没有脂肪肝吗？脂肪堆积太多，肯定就会导致脂肪肝，这是毋庸置疑的。"得知小梦的身体状况出现问题，妈妈这才意识到问题的严重性，当即召集全家人召开家庭会议，一致决定以后再也不给小梦吃汉堡等高热量的垃圾食物，而且要保证小梦的饮食健康。爸爸也被分派了一个重要的任务，就是每天都带着小梦进行体育锻炼，刮风下雨的时候就把锻炼的场地转移到家里，总而言之不能中断。就这样，在全家人的高度认知下，经过全家人的共同努力，小梦终于成功减肥，脂肪肝也消失不见了。

对于小梦的成长，一开始妈妈犯了一个严重的错误，即孩子觉得什么好吃，就给孩子吃什么，丝毫不对孩子加以节制。在朋友的劝说下，妈妈还是执迷不悟，不愿意改变对小梦的教养态度。直到在医院检查出来小梦患有脂肪肝，妈妈这才意识到自己的骄纵和宠溺伤害了小梦的身体。的确如此，孩子还小，什么也不懂，他们会本能地吃自己喜欢的食物。在这种情况下，只有父母才能给孩子提供合理的建议，也才能让孩子更好地成长。所以明智的父母既要顺从孩子的天性去爱孩子，也不能完全放纵孩子。父母是孩子的监护人、成长的陪伴者，要承担起为孩子的成长把关的重要责任。

毋庸置疑，合理均衡的饮食对孩子的健康成长会起到积极的作用，而当孩子过于偏食、挑食时，因为摄取的营养不够均衡，会导致身体也产生一系列的变化。对于孩子而言，只有五谷杂粮、绿色蔬菜等都吃，才能养成健康的饮食习惯。否则孩子一味地只吃自己喜欢吃的东西，渐渐地对于其他不喜欢吃的食物就会更不喜欢，也会导致非常严重的后果。父母爱孩子，更要有效地引导孩子，这样才能帮助孩子长大，也才能给予孩子最理智适度的爱。

孩子未必需要父母不分青红皂白的爱

当你感到非常渴的时候，有人给你一个馒头，你能吃得下去吗？

当然不能，因为你会觉得如鲠在喉，难以下咽，此外没有水的滋润，你的食道没有打开，也导致馒头根本无法通过食道进入胃部。当你感到很疲惫的时候，你只想躺在床上好好地睡一觉，却偏偏有人要带着你出去唱歌跳舞，你愿意从温暖舒适的床上起来，出去消耗本来就极度缺乏的体能吗？你当然不愿意。由此可见，当别人给你的东西不是你所急需要的，甚至会对你造成沉重的负担，你是一定会非常排斥和抗拒的。孩子也是如此。很多父母打着爱孩子的旗号和名义，总是不容孩子拒绝地把自己的爱一股脑儿地都给孩子，这恰恰导致孩子感到反感，父母的爱也根本无法起到应有的效果和作用。

记住，孩子不需要父母不分青红皂白的爱。这恰恰是很多父母虽然为孩子付出很多心力和全部的爱，却无法得到孩子的认可，也不能与孩子友好相处的原因。当因为爱的问题导致亲子之间产生严重的纷争和矛盾，根源就在父母身上。作为对孩子付出爱的人，父母要更加了解孩子的心，也知道孩子需要怎样的爱，才能以爱帮助孩子成长。很多人做事情凭着一腔孤勇，当然不能获得成功，父母爱孩子也是同样的道理，如果只凭着本能去爱孩子，那是动物性的爱。偏偏孩子在不断成长的过程中，身上的动物性渐渐地褪去，而拥有了更多人的特性，在这种情况下，父母动物性的爱当然无法满足孩子的情感需求。所以父母也要随着孩子的成长与时俱进，这样才能让自己的爱跟得上孩子成长的节奏，也符合孩子对爱更高的渴望和要求。

有一天早晨，下起了蒙蒙细雨，妈妈坚持要让乐乐带着伞。乐乐不乐意，告诉妈妈："我五分钟就能到学校，这点儿小雨正好还能让我凉快些，我不想带伞。"然而，妈妈再三要求乐乐带伞，还威胁乐乐：

第04章
接纳孩子的不完美，别让你的要求成为孩子的负担

"如果不带伞，你就不要去上学了，就算旷课。如果继续因为带不带伞这个问题而迟疑，你也许会迟到，可别怨我，要怪只能怪你自己。"对于妈妈的话，乐乐更生气，气鼓鼓地拿起伞，也没有撑开伞，就朝着学校走去。

晚上放学回家，妈妈看到乐乐只背着书包，而没有把伞带回来，当即问乐乐情况。乐乐不以为然地说："伞忘记带了。"妈妈又开始唠叨乐乐，说乐乐不知道爱惜东西，总是这样丢三落四的。乐乐被妈妈说得烦了，吼道："是你让我带伞的，怪我吗？"妈妈很惊讶："我让你带伞，是让你把伞忘在学校的吗？明天再去拿伞，伞还不一定在不在呢！"乐乐生气地关上卧室的门，躲在里面一晚上都没出来。后来，妈妈在和同学聊天的时候，把这件事情讲给同学听。同学哈哈大笑起来，说："你还真别责怪孩子，我觉得问题就在你身上。明明是毛毛雨，你非要让他带伞干什么呢？他已经十二岁了，知道自己需要什么，不需要什么。"妈妈说："你没有孩子，根本不知道父母对孩子的心意，万一雨下大了怎么办呢？"同学说："就算我没有孩子，我也知道吃饱了的人不想吃，对于不需要的爱，孩子也不会乐于接受，更不会感恩。我要是你，就算雨下大了也没关系，因为孩子淋一次雨正好，等到下次下雨的时候，无需你唠叨，他就会自己主动带伞了。"妈妈仔细想想，觉得同学的话也有道理。从此之后，她再也不强迫乐乐做一些事情，而是给予乐乐更大的成长空间，让乐乐自主地去决定很多事情。果然，吃一堑长一智的道理是没错的，孩子在吃了一些小亏之后，就会主动地留意很多方面的事情，而妈妈呢，也不再总是唠叨孩子，与孩子之间的关系也好转了。

父母不要总是不顾一切地去爱孩子，这样浓烈深沉的爱很有可能变成孩子的负担，导致孩子在成长的过程中被束缚。此外，当父母对于孩子的爱太过无微不至，也不利于培养孩子的感恩心。当孩子对于父母的爱毫无感觉，也不知道感恩，无疑这样的结果是很让父母伤心的。就像如今的成人社会中，很多父母都会抱怨孩子不孝顺，却不知道孩子是否孝顺，与父母从小教养他们的方式有很大的关系。孩子并非生来就知道感恩，父母唯有在抚养孩子成长的过程中适度收敛自己的爱，给予孩子更大的成长空间，也让孩子适当地经历风雨，知道父母的爱给予他们带来了多少温馨舒适，他们才会深刻感受父母的爱，也才会对父母的付出感恩感激。正如人们常说的，这个世界上如果没有丑，也就无所谓美。同样的道理，如果父母从来不让孩子感受到生活的艰辛，孩子如何知道父母对他们的努力付出，给他们带来了美好的生活呢？

每一个父母在对孩子付出爱的时候，一定不要盲目，更不要没有限度。只有了解孩子需要怎样的爱，父母才能满足孩子对爱的需求，否则哪怕父母自以为是给了孩子所有最好的，孩子非但不感恩父母，反而还有可能抱怨父母。当然，要想做到这一点，父母还要先了解孩子的脾气秉性，在孩子成长的过程中，还要注意区分孩子的心理预期，针对具体事情有的放矢地帮助孩子。父母还要努力走入孩子的内心，打开孩子的心扉，与孩子建立顺畅的沟通渠道，这样才能真正了解孩子。必要的时候，父母还可以学习相关的心理学知识，在专业知识的指导下有的放矢地对待孩子。总而言之，对于每一个父母而言，养育孩子都是一份全新的伟大事业，都没有经验可循的，那么就要付出更多的努力，坚持学习，与时俱进，才能成为孩子的陪伴者和引导者，也才能在与孩子相处的过程中收获满满。

孩子是不完美的天使

有人说，每个人都是被上帝咬过一口的苹果，都是不完美的。然而，这份不完美并不影响苹果的芬芳，做人也要学会接纳自己，悦纳自己，正视自己的优缺点，才能更好地成长。遗憾的是，在教养孩子的过程中，很多父母都会犯一个错误，即他们要求孩子必须是完美的。殊不知，对于孩子而言，根本不可能做到完美。父母也不妨扪心自问：我自己都不完美，为何还要强求孩子完美呢？道理的确如此。

这个世界上既没有完美的父母，也没有完美的孩子，所以父母不要苛求孩子完美，孩子也不要苛求父母完美。既然父母和孩子都有自身的缺点和不足，那么就谁也不要嫌弃谁，而是在一起努力地相互弥补，相互成就。从本质上而言，孩子不断成长的过程，也正是父母自我提升的过程。正如意大利大名鼎鼎的教育学专家蒙台梭利所说的，儿童是成人之父，很多时候孩子都能促进父母的成长，让父母更加努力提升和完善自己。因而真正明智的父母，是能够用心欣赏孩子的优点和长处，也能够悦纳孩子的缺点和不足，从而包容孩子，真心爱护孩子，与孩子一起成长。

晴儿从小就是一个非常安静的女孩，也很害羞，总是表现出怯懦的样子。为此，妈妈很担心，害怕晴儿长大之后会受人欺负，也总是想要试图改变晴儿的性格特点。然而，妈妈付出很多努力都没有办法改变晴儿，渐渐地，妈妈一看到晴儿胆小的样子就很生气，有的时候还会狠狠地训斥晴儿。

有一次，妈妈去学校里参加家长会，这次家长会是要求父母和孩子一起参加的。家长会结束后，妈妈正带着晴儿往外走，突然遇到同班级的娜娜和她妈妈。娜娜看到晴儿妈妈，赶紧热情地打招呼，爽朗地说："阿姨好！"妈妈也提醒晴儿问候娜娜妈妈，晴儿说话的声音如同蚊子哼哼，对娜娜妈妈说："阿姨好。"常言道，没有对比就没有伤害，听听娜娜打招呼的爽脆，再听到晴儿把声音窝在嗓子里，妈妈忍不住生气地批评晴儿："你能不能跟人家娜娜学一学，说起话来脆生生的，听着就舒服，哪像你，说话都憋在嗓子里，就像蚊子哼哼。"对于妈妈的批评，晴儿更加害羞，索性躲到妈妈身后。妈妈见状更生气了，一把把晴儿从身后揪出来，就开始向娜娜妈妈控诉晴儿："你说说，现在哪里还有孩子这么害羞的，简直都不能见人了。就这样，别说学习成绩一般，就算学习成绩好又能怎么样呢，将来也无法在社会上立足，哪家单位要这样的闷葫芦啊！"娜娜妈妈观察晴儿，发现晴儿属于内向性格，也觉得晴儿妈妈这样当着孩子的面数落孩子不好，因而赶紧说："每个孩子的性格不同，我还喜欢晴儿这样安静的性格呢！我家娜娜虽然爽朗，却像个炮仗一样。因为外向活泼，娜娜还很粗心。你没听老师家长会上表扬晴儿文笔好，作文写得精彩么，每个孩子都有特长的。"经过娜娜妈妈的一番安抚，晴儿妈妈的情绪才渐渐恢复平静，而晴儿也感激地看着娜娜妈妈，她一定很感谢娜娜妈妈帮她解围吧！

事例中的晴儿妈妈总是看到晴儿的不足，而丝毫没有看到晴儿的优点。实际上，性格内向还算不上是缺点和不足，而只是晴儿的性格特征而已。这个世界上有无数人，每个人的脾气秉性都是不同的。孩子不可能成为一个模子里刻出来的千篇一律的产品，而要有自己的个性和特点。此外，父母必须注意的是，不要总是拿孩子的缺点和其他孩子的优点比较，否则会严厉打击孩子的自信心，导致孩子缺乏自信，在成长的过程中陷入被动。因此，最好不要拿孩子与其他孩子比较。当然，父母在发现孩子的不足时，可以有意识地给孩子提出建议，帮助孩子弥补不足，这是无可指责的。而一旦在比较的过程中提建议，父母就会伤害孩子脆弱的自尊心，也会让孩子觉得很伤心。

有人说，命运总是公平的，它在给一个人关上一扇门的同时，还会给这个人打开一扇窗户。父母正是要拥有这样的心态，意识到自己不是十全十美的，孩子也不可能十全十美。唯有最大限度发现孩子的优点，发掘孩子的潜力，父母才能与孩子之间更好地相处，建立良好的亲子相处模式。父母切勿嫌弃孩子，而是既要把孩子作为独立的生命个体去对待，也要把孩子视为自己生命不可分割的重要部分去包容。这个世界上的很多人都不完美，但是他们之中的相当一部分人都做出了伟大的成就，这恰恰证实了是否完美并不影响孩子的成就。所以父母更要悦纳孩子，欣赏孩子的优点，接纳孩子的缺点，引导孩子不断地成长，以不完美的生命创造完美而又充满精彩的人生。

对孩子的爱不要有条件

在大自然里，很多动物都会爱自己的幼崽，在人类社会中也是如此，每一个父母都爱自己的孩子。这是生命的本能冲动，也是每个人都无法抗拒的。在新生命呱呱坠地的时候，父母对于孩子的爱最接近生命的本能，他们对于孩子的爱非常纯粹简单，没有任何附加的条件。甚至有一些焦虑的妈妈，在孩子出生之前还会担心孩子是否缺胳膊少腿，是否会不健康。那个时候，他们对于孩子唯一的希望就是想让孩子健康地降临人世。当孩子渐渐长大，几个月的婴儿就可以与父母之间进行互动，看着这个幼小的生命如此地信任和依赖自己，父母对孩子的爱日益加深，他们希望孩子快乐成长，没有病痛的打扰。在这个阶段，父母对孩子的爱依然是无私的。

然而，自从孩子进入幼儿园，父母的爱也开始变了味道。虽然父母心底里对孩子无私的爱还在，但是很多父母开始拿自己的孩子和别人家的孩子比较，渐渐地，他们对于孩子的爱也有了一定的条件。例如，他们希望孩子能够出类拔萃，拥有超过一切同龄人的优秀，也希望孩子在学习的过程中一日千里，进步神速，更希望孩子能够为他们的脸上增光，成为他们的骄傲。总而言之，父母的爱有了更多的附加条件，与此同时父母依然自称非常爱孩子，也愿意为了孩子做出牺牲。的确，父母爱的本质未曾改变，但是爱的方式却让孩子感到陌生。当父母对孩子提出各种各样的条件时，孩子一定会感到很迷惘，不知道自己到底要怎么做，才能让父母感到满意，或者自己的人生又应该呈现怎样的状态，才是真正完美的。在爱的捆绑和束缚之下，孩子渐渐地迷失自我，也在生命中不知所终。

小艾正在适应幼儿园生活，虽然每天都有奶奶负责接送，但是妈妈为了给小艾安全感，也坚持每天和奶奶一起接送小艾。在经过最初几天的哭闹之后,小艾最终确定虽然奶奶和妈妈每天把她送到幼儿园,但是下午就会来接她回家,为此小艾建立了安全感,也就不会再每天不停地哭闹。看着小艾天天都能高高兴兴地去学校,妈妈高兴极了。

一天等在幼儿园门口接小艾的时候,妈妈和黄桃的奶奶闲谈起来。黄桃奶奶问小艾妈妈:"你家小艾最近上学还哭闹吗?"妈妈说:"不哭了,也就哭了几天,现在每天很高兴来幼儿园。"黄桃奶奶疑惑地说:"不知道为什么,我家黄桃每天都哭,这都哭了半个多月了。今天早晨,她不愿意来幼儿园,我就吓唬她,告诉她'你要是再哭,我下午就不接你放学,把你丢在幼儿园'。孩子就得吓唬,结果乖乖地来幼儿园了。"听到黄桃奶奶的话,妈妈不由得很担心,赶紧提醒黄桃奶奶:"不要和孩子这样说话啊,这样带有附加条件的爱,会让孩子缺乏安全感,所以她虽然不哭,实际上心里还是很恐惧的。"对于妈妈的话,黄桃奶奶认真想想觉得很有道理。

最近正在准备期末考试,也是小升初考试,妈妈觉得乐乐很辛苦,因而对乐乐说:"乐乐,最近复习很辛苦,考完试之后妈妈带你去吃寿司,好不好?"乐乐最喜欢吃寿司,当即就高兴地又蹦又跳,复习也更有动力了。

有一天,爸爸妈妈接乐乐放学回家。走在路上,一家三口闲聊的时候,爸爸说起期末考试的事情,为了对乐乐进行考前动员,希望乐乐能够取得好成绩,妈妈顺口开玩笑地说:"嗯,考好了去吃寿司。"听到妈妈这句话,乐乐当即有些生气,情绪急转直下,说:"我就知道你之前说要带我去吃寿司根本不是真心实意的。"妈妈很惊讶:"我怎么不是真心实意了?"乐乐说:"你这不就提出条件了,必须考试考好,才能去吃寿司。"听了乐乐的话，妈妈这才意识到乐乐为何生气，当即又可笑又可气地说："你可真是小心眼，多思多虑。我说考得好去吃寿司，又没有说考不好就不吃寿司，你害怕什么啊！你完全就是心虚，要是你对考试有信心，大可以告诉爸爸妈妈'我一定能考好，要吃个痛快'，你怎么就不敢说呢？"虽然妈妈把乐乐教育了一通，却也意识到孩子不喜欢给爱附加条件，为此后来爸爸妈妈在与乐乐交流的时候，就会把对乐乐的奖励和付出分开，从而避免引起乐乐的误解和不快。

不管是黄桃奶奶有意识的恐吓，还是乐乐妈妈无心中说出考试好了去吃寿司这样的话，对于孩子而言，都是很不愉快的经历和经验。孩子还小，正处于建立安全感的关键时期，尤其是对于初入幼儿园的孩子而言，他们对幼儿园的恐惧主要来自于担心父母会不要他们，因而黄桃奶奶以不要黄桃来恐吓黄桃的做法，虽能吓得黄桃不哭，却会导致黄桃更加缺乏安全感。所以，黄桃奶奶的做法是绝对不可取的。对于已经读六年级的乐乐而言，虽然他有安全感，也不感到害怕，但是妈妈说考好去吃寿司，还是会让他觉得恼火，觉得父母对自己的爱是有附加条件的。因而不管是对待小孩子还是对待大孩子，父母要想对孩子付出爱，就要无条件。而如果想表达对孩子的期望，则可以另外选择合适的机会说出来，总之不要把对孩子的爱与对孩子的期望混为一谈，不然给孩子带来不好的感受。

父母爱孩子，就要接纳孩子的一切，而不要把对孩子的爱与很多客观的事情混为一谈。健康的孩子，父母要爱；残缺的孩子，父母也要爱；优秀的孩子，父母要爱；犯了错误的孩子，父母更要爱。在孩子成长的过程中，很多父母因为对孩子期望过高，会对孩子提出各种苛刻的条件，并且把对孩子的爱与这些条件联系到一起，这是完全错误的做法。众所周知，对于孩子的成长而言，安全感是非常重要的。而父母对于孩子的爱，恰恰是帮助孩子建立安全感的关键所在。所以父母要无条件地爱孩子，要以爱作为养料浇灌孩子的生命，让孩子的人生在爱与自由、尊重中获得长足的发展，最终收获充实和圆满。

物质不能弥补父母对孩子爱的缺失

现代社会，因为各种各样的原因，很多父母对于孩子的成长都是缺位的，这也直接导致父母的爱在孩子的成长之中缺席。为了弥补对孩子爱的缺失，很多父母采取以物质弥补的方法，给孩子更多的物质，毫无限度地满足孩子对物质的需求，以为这样就能弥补对孩子的亏欠。殊不知，一味地满足孩子的物质需求，非但无法弥补对孩子爱的缺失，反而会让孩子对物质的欲望越来越膨胀，也导致孩子的成长出现偏差。当孩子的物质欲望成为无底的深渊，孩子甚至还会误入歧途，在生命之中忽略各种感情和精神的成长，迷失在如同无底洞一般的物欲之中。

尤其是在偏僻的农村，很多父母为了生计都外出打工，而为了减轻负担，又把孩子放在家里交给老人抚养。有些妈妈甚至不给孩子喂奶，在孩子生出来之后就离开，在这样的成长模式下，孩子对于父母是谁都没有明确的认知，他们还以为自己天生就是要和爷爷奶奶一起生活的呢！直到真正懂事之后，他们才会意识到父母是谁，然而这只是理性上知道，而在感情上，他们更加亲近爷爷奶奶，而疏远父母。在这种情况下，父母对于孩子是有亏欠的，他们每年回家一两次，会给孩子买一些东西，带很多礼物。孩子看到好吃的好玩的的确会很高兴，也会情不自禁亲近父母，但是这种亲近是物质换来的，而并非发自孩子的真心和真情。

很多父母对于孩子的成长还存在误解，即觉得孩子还小，不需要父母的陪伴，只要有人给他们吃喝，照顾他们的生活起居，他们就能健康成长。这样的想法完全是错误的，心理学家经过研究证实，几个月的孩子就有亲近父母的需求，就有情感的需要。另外，从孩子成长的角度而言，爷爷奶奶是隔代人，根本无法取代父母去关爱孩子，陪伴孩子成长。尤其是很多农村的爷爷奶奶本身没有文化，无法给予孩子的成长很好的引导。在这种情况下，孩子如何能够健康茁壮地成长呢？父母对孩子爱的缺失，也会导致孩子在冷漠的家庭氛围中成长，孩子渐渐地也会成冷漠的习惯，缺乏生命的温度。

杨浩出生之后，妈妈只留在家里一年的时间，给杨浩喂奶。等到杨浩一岁之后，妈妈就给杨浩断奶，自己则和爸爸一起出门打工。每年，爸爸妈妈顶多回家一次，所以杨浩在小的时候对爸爸妈妈根本没有概念。直到五六岁之后懂事了，才知道爸爸妈妈是谁，也才知道盼望着爸爸妈妈回家。随着不断地成长，杨浩已经成为初中生，作为女孩，她尤其思念妈妈，希望妈妈能回家陪伴着她成长。然而，妈妈总是以要挣钱为由拒绝杨浩的请求。

有一次，杨浩和班级里的另一个女孩发生争吵，吵得特别凶，情绪也很激动。老师担心杨浩会做出过激的举动，因而赶紧给杨浩家里打电话。爷爷奶奶接到电话，对于杨浩也很担心，但是他们老了，不知道如何劝说杨浩和同学搞好关系,为此只能给杨浩远在千里之外的爸爸妈妈打电话。妈妈接到电话,心当即悬起来,她马上在QQ上和杨浩沟通。妈妈苦口婆心劝说杨浩要和同学搞好关系,对同学要热情友好,杨浩说:"妈妈,从小你们就没有给过我温暖,我哪里有温暖给别人呢?有多少次我求你回家来,你都不回。"妈妈也很委屈:"我是和爸爸一起在外面赚钱,才好养大你们啊!"杨浩不耐烦地说:"赚钱,赚钱,钱是永远挣不完的,你总是这么说。别人家的孩子至少有妈妈在家,你和爸爸都不在家,让我和弟弟怎么长大?"妈妈哑口无言,对于杨浩的表达,她也不知道该说些什么了。的确,孩子说的是事实,他们作为父母对孩子的责任就是把孩子生下来,而对抚养完全不管不顾。在这种情况下,孩子哪里来的信心去成长,又哪里有温情去对待身边的人呢?

事例中,杨浩所说的话不仅戳中了妈妈的心,也会戳中天底下很多作为留守儿童的父母的心。虽然父母的确要赚钱养大孩子,但是对于孩子而言,钱并不是他们成长过程中第一位所需要的。孩子的成长是不可逆的,当父母缺席孩子的成长,即使用再多的物质去弥补孩子对于父母之爱的缺失,也是不可能做到的。对于成长中的孩子而言,他们要经历三个叛逆期,在成长的过程中还会遇到各种各样的问题,所以父母发自内心的爱与陪伴、指引,才是他们真正需要的。

父母不能以任何借口来为自己辩解,为在孩子的成长过程中缺席找到理由。父母对于孩子的责任绝不是把孩子生下来那么简单,也不是给孩子的成长提供必要的物质条件那么容易做到。每一个用心陪伴和抚养孩子成长的父母知道,当孩子生病时,他们会感到非常揪心;当孩子犯错误时,他们尽管心急却要耐心地引导孩子,给孩子把道理讲明白、讲透彻；孩子在人生中走了弯路，思想上进入误区，他们哪怕现学现卖也要做到比孩子的思想层次更高，这样才能有效地指导孩子……总而言之，孩子整个的成长过程都是状况百出的，不是物质和金钱就可以解决一切问题的。很多孩子在父母的陪伴下成长，还会遇到各种各样的问题，父母哪怕非常用心，投入全部的时间和精力，孩子还会不小心走弯路、犯错误，那么对于父母彻底缺席的孩子，又如何保证他们能够健康茁壮地成长呢？每一个父母既然决定生孩子，就要想好怎么养育孩子，更要肩负起陪伴孩子成长的重任！

第 05 章

教会孩子独立,让孩子学着自己
解决成长中的问题

　　父母再爱孩子,也不可能永远陪在孩子身边,庇护着孩子。归根结底,孩子总要长大,在成长中与父母渐行渐远,离开父母,独自开始新的人生征程。正是基于这个角度,人们才会说父母的溺爱是对孩子最大的害处,这是因为父母一味地溺爱孩子,只会导致孩子各个方面的能力都无法得到发展,从而使得孩子必须依赖父母才能生存。那么当孩子不得不独自面对这个残酷的世界时,又该怎么办呢?未雨绸缪的父母会从孩子小时候,就用心地培养孩子的独立能力,让孩子成为生活中独当一面的真正强者。

民主的氛围更适合孩子成长

  人们常说，哪里有压迫，哪里就有反抗。实际上对于孩子来说，也是同样的道理。很多父母无法端正对待孩子的态度，总觉得自己生养了孩子，就有资格对孩子居高临下、颐指气使，也有资格对孩子指手画脚，甚至还可以代替孩子做出选择，决定孩子的人生。殊不知，在强权控制下成长的孩子，也许年幼的时候因为力量比较弱小，所以不得不对父母屈服。但是随着不断地成长，他们却会走向两个极端。一个极端是孩子长期生活在压迫之下，性格变得越来越怯懦，也会更加胆小，不管做什么事情都没有主见，都需要依靠父母代替他们做决定。毫无疑问，这样的孩子已经习惯了父母无微不至的照顾，也已经习惯了被父母安排一切。另一个极端与此恰恰相反，孩子们一旦力量得以发展，甚至还达不到足以与父母抗衡的程度，就会在压迫之下彻底爆发，不顾一切地与父母对抗。对于这样的孩子而言，最终的结果或许是胜利，前提是父母要懂得反思自己，然而如果父母执迷不悟，则结果往往非常惨烈。

  毫无疑问，父母是很爱孩子的，但父母不能以爱孩子的名义对孩子进行压迫。父母必须知道，孩子尽管因着父母来到这个世界上，但是他们绝不是父母的附属品，更不是父母的私有物，而是完全独立的生命个体。降临人世之初，孩子太过孱弱，要依靠父母的照顾生存。然而随着不断长大，孩子的力量得以增强，自我意识也越来越强。所以他们不愿意继续附和父母，而想要拥有独立的主见，给予生命更强大的力量。有些自我意识发展比较早的孩子，在两三岁的时候就表现出一定的自主性，例如他们会自己选择穿什么衣服，吃什么东西。为了让孩子长大之后也有主见，做事情果断，父母在孩子的自主意识最初萌芽的时候，千万不要打压孩子，而要积极地鼓励孩子，尊重孩子的意愿，给孩子营造民主的家庭氛围。

父母要记住，孩子不是只会根据指令行事的机器，更不是流水线上千篇一律的产品。父母过分要求孩子无条件服从，最终只会把孩子培养成机器，也只会导致孩子失去独特的个性，成为扔在人群里都找不到的隐形人。尤其是在家庭生活中，很多父母沿袭孩子小时候的教育模式，总觉得孩子对于他们所说的一切都应该是无条件服从的，也习惯了安排孩子生活的方方面面，却没有以发展的眼光看待孩子，更没有意识到孩子在成长的过程中自我意识得以发展，变得越来越独立。在这种情况下，父母往往会不知不觉地坚持一言堂，根本没有意识要尊重孩子的意见，也没有给予孩子发表意见和观念的机会。这样一来，等到孩子觉醒，也想要抗争，与父母的关系就会很恶劣。

记得曾经在《等着你》的一期节目中，节目组找到了一个大学毕业后与父母失联的男孩。这个曾经的男孩已经人到中年，父母也已经年逾古稀，但是他从来不想原谅父母，对于父母的怨恨也没有一日减少。节目组的人花了一整天的时间做这个中年男性的思想工作，劝说他原谅父母，回到父母的身边，送父母最后一程，但是他就是不愿意，最终根本没有在节目中见父母。到底是什么让这名男性已经成年之后还对父母如此怨恨呢？实际上，就是父母的强权。尤其是父亲，始终如同压在男孩头顶上的一座大山一样，不给男孩任何喘息的空间，让男孩在整个成长的过程中都感到窒息。不愿意放手，让男孩成长，由此给男孩带来无法消除的压力，是这对父母最大的错误。

节目一经播出，在社会上引起巨大的反响，在网络平台上，很多人都针对这一期的寻人节目展开热议。有人说男孩太过薄情寡义，为何不在没长大的时候就离家出走，自生自灭，而要等到父母供养他读完大学才发泄怨恨，与父母和所有与父母相关的亲戚朋友都彻底断绝消息呢？也有的网友与这个男孩有相似的经历，所以可以理解男孩的感受，知道那种在父母的压迫下无法喘息的感觉。无论从哪个角度来看，这都是一个已经既成事实的悲剧，给男孩和父母心中都带来了难以抚平的创伤。最终，如果男孩不能在父母离开人世之前原谅父母，见到父母，那么这个悲剧就再也没有机会弥补。

不管这件事情是父母的错还是男孩的错，又或者是双方都有错误，作为父母，都要因此而给自己敲响警钟，从而用心反思自己的教育方式，也反省自己对于孩子所做的一切是否合理。否则，等到弄得亲子关系破裂，父母和孩子之间也反目成仇，再去懊悔，则悔之晚矣。人际关系从来都是双向的，只凭着一方的努力而营造良好的人际关系，根本不可能做到。所以父母要想处理好亲子关系，不但需要反思自己，也要考虑到孩子的心理和需求，这样才能双管齐下，有的放矢地改善亲子关系，增进与孩子的了解和感情。尤其需要注意的是，父母不要把孩子当成自己的私有品，而要随着孩子的成长，对孩子采取与时俱进的态度，以发展的眼光看待孩子。在家庭生活中，要想让教育事半功倍，还要给予孩子民主权，营造民主的家庭氛围，这样才能与孩子更好地交流与互动，也让孩子真正敞开心扉对待父母，愿意把真心话都告诉父母。真正明智的父母，最欣慰的事情就是看着孩子慢慢地成长，从依赖父母的小人儿成长为可以独立面对人生中各种情况的强者，这样父母才能安心地目送孩子踏上人生的征途。

孩子需要属于自己的空间和时间

在农村，很多家庭的房子都是在宅基地上自建的，因而空间非常大，但是很多农村家庭沿袭传统的生活习惯，即使房子很大，也没有给孩子留出单独的房间。就这样，孩子小时候和父母一起睡，等到渐渐长大，父母就为孩子在有空的地方搭一张床，让孩子分床而睡。之所以说是分床，而没有说分房，就是因为孩子并没有独立的房间，而只是有了属于自己的一张床而已。在城市里，尤其是繁华的大都市，房价这么贵，很多家庭里住房都很紧张，因而根本没有单独的房间给孩子住。很多孩子小时候和父母一起住，长大了或者和老人共用一个房间，或者一直睡在客厅里，也没有独立的房间可言。

很多父母都认为，孩子只要有自己的一张床就足够了，根本不需要有独立的房间，或者还有些父母对于孩子的独立房间没有那么重视，也就不会用心地解决这个问题。殊不知，对于孩子而言，独立的房间非常重要。空间的划分，让孩子不但有了独立的空间，也有了独立的时间，可以不被打扰地、专心致志地做很多事情。

现代社会，不仅成人需要承受巨大的压力，孩子同样要承受巨大的压力。甚至从某种意义上而言，孩子的压力更大，因为成人工作不好，顶多没有进步，或者失业重新找工作，而孩子如果学习不好，就会面临整个人生都发生改变的恶劣后果。与此同时，承受着巨大压力的父母美其名曰为孩子打拼美好的未来，也不吝啬金钱，给孩子报名参加若干个兴趣班。曾经有一所学校对孩子的课外班情况进行调查，真是不了解不知道，一了解吓一跳，孩子们少则一两个课外班，多则八九个课外班。这也就意味着原本国家规定上五天休息两天，而对于报课外班很多的孩子而言，非但不能在周末的两天时间里得到休息，反而会比平日正常的学习生活更加忙碌。有个孩子课外班太多，排课排不过来，经常在周末的早晨六点起床赶去上八点的课外班，然后在一整天的时间里连续奔波，奔向三四个课外班的点，直到晚上夜幕降临才能身心俱疲地回家。在这种情况下，孩子们如何能够有效地休息，在周一到来的时候精神抖擞地去上学呢？最终的结果必然是，学校里的知识学不好，学校外的知识也没有学好。这也合理解释了学校里的奇怪现象，为什么很多孩子课外补课那么频繁，学习成绩却没有提升，反而还会出现下降的现象。

从这个社会怪象，父母也应该陷入沉思，反思如今的教育现状，也认真想一想自己应该以怎样的态度面对孩子的学习和成长。每一个孩子除了需要独立的空间之外，更需要独立的时间。以不恰当的例子而言，孩子学习知识就像吃东西。众所周知，一个人如果不饿，根本不会狼吞虎咽地吃东西，也不会吃进去很多东西。相反，一个人如果很饿，那么就算给他一个馒头，他也会吃得津津有味，感到非常香甜。正因为如此，人才一天吃三顿饭，或者两顿饭，而不是一刻不停地去吃，因为根本吃不下。孩子学习也是同样的道理。孩子每天在学校里学习那么多知识，在学习之后必然需要时间去消化。在紧凑的时间安排下，如果孩子没有时间去消化已经学到的知识，而不管在校内还是在校外都采取填鸭式教学，那么孩子一定会因为知识饱和而消化能力有限，导致学习方面兴致全无，学习能力也会持续下降。从身心发展的角度而言，孩子的身心都还比较稚嫩，既需要营养，也需要充分休息，孩子才能健康成长。明白了这个道理，明智的父母不会一味地对孩子采取填鸭式的教养方式，而是在孩子小时候，适度教育孩子，等到孩子长大了，也能够给予孩子独立的时间和空间，让孩子拥有更大的自主权，对于人生也合理规划。

伟大的教育学家陶行知先生，就曾经提出要解放孩子，给孩子更多的时间和空间自由。意大利大名鼎鼎的教育专家蒙台梭利，不但提出敏感期的理论，也建议父母给孩子营造爱与自由的成长环境。因为唯有在爱与自由中成长的孩子，才能更好地发展自我，成就自我。作为父母，哪怕在现在全民陷入教育焦虑状态的情况下，也要把握自己的内心，给孩子减负，引导孩子遵从内心去成长，拥有幸福快乐、充满爱与自由的童年生活。这样的美好童年，将会为孩子的一生奠定坚实的基础，也让孩子的成长更加事半功倍。

孩子有权利发表言论

现代社会，人心浮躁而又复杂，所以时常会发生很多恶意伤人的事件，导致父母在教育孩子的时候，也总是要求孩子不要多管闲事，而要保护好自己。当然，教会孩子以生命作为第一位的做法并没有错误，但是如果严厉禁止孩子对于任何事情发表意见和看法，则会导致孩子变得畏缩，没有主见，甚至需要他们发表见解的时候，他们也会顾虑重重。毫无疑问，孩子有这样的表现，同样是父母不想看到的。那么，如何教育孩子，才能让孩子勇敢而不莽撞，谨慎而不自我封闭呢？

在教育孩子的过程中，父母要思路灵活，而不要教条死板。很多父母只会给孩子制定各种各样的规矩，用条条框框把孩子限制住，而从来不给孩子自由。这显而易见是相互矛盾的。孩子三岁之后走出家庭，进入幼儿园开始学习，这实际上是孩子迈向社会的第一步。因为在此之前孩子每天的大部分时间里都与父母或者长辈相处，得到无微不至的照顾。而在步入幼儿园之后，孩子就相当于步入社会，在一整天的时间里，他们离开父母，与老师和同学相处。所以说，孩子初入幼儿园，对他们的一生都会起到重要的作用。父母要如何引导孩子，更好地与老师和同学相处，也尽快地适应这个社会呢？很多父母总是保护孩子，无微不至地照顾孩子，这并不是解决问题的好方法。因为对于孩子而言，他们终究要长大，父母不可能陪伴和照顾他们一辈子，也注定了他们必须独自面对这个社会。要想在社会上生存，孩子就要有自己的生存之道。父母尽管要引导孩子，却不要过多地控制孩子，因为很多事情百闻不如一见，父母哪怕说很多次，也不能代替孩子亲身感受和体验一次。所以明智的父母会在保证孩子安全的情况下，给孩子更多的机会亲自去尝试，哪怕孩子受到挫折和打击，也能够从中得到经验和体会，这对于孩子的成长而言是非常重要的。

第05章
教会孩子独立，让孩子学着自己解决成长中的问题

一天放学后，乐乐告诉妈妈："今天，我得到了老师的表扬，因为我抓到了班级里的贼。"说到"贼"，乐乐还特意加重了语气。妈妈赶紧和乐乐了解情况，这才知道班级里最近经常丢东西，所以老师正在下大力气调查。然而，这个"行窃者"隐藏得很好，无奈之下，老师只好发动全班同学的力量去调查。

一天体育课的时候，乐乐因为肚子疼，上到一半就和老师报告说要回教室休息。才刚刚走到教室的窗户外，乐乐就发现请假没上体育课的那个女同学，正在教室里挨个桌洞地翻同学们的书包呢。乐乐没有惊动那个女同学，而是继续躲在教室外面观察，果然，那个女同学看到另一个女同学的文具盒很漂亮，就拿着文具盒放入自己的书包里。乐乐当即就去办公室向老师汇报了这件事，老师也赶去教室抓了个现行。听完乐乐的讲述，妈妈觉得很担心，问乐乐："你这样举报同学，同学不会生气，不会恨你吗？"乐乐想了想，回答妈妈："好像是很生气，今天下午那个女同学都没和我说话。"妈妈告诉乐乐："虽然你帮着老师抓贼的行为是值得肯定的，但是很多事情都要以妥善的方法处理。咱们不妨设想一下最坏的打算，就是如果老师对这个女同学做出过激的举动，导致女同学因为冲动而伤害自己，你也是摆脱不了干系的，知道吗？"乐乐对于妈妈的话似懂非懂，为此，妈妈说得更具体："假如老师在班级里公开批评这个女孩，这个女孩跳楼了，你觉得人们会只责怪老师吗？所以妈妈不希望你过激地处理这件事情，因为人人都会犯错误，如果那个女同学只是一时喜欢文具盒，所以才做出错事呢，要给对方改过自新的机会，知道吗？"妈妈还叮嘱乐乐："既然你已经把事情告诉老师，我们也不知道老师会如何处理，但是你必须管好自己的嘴巴，不要

把这件事情再告诉其他同学，明白吗？你们都是孩子，很容易嫉恶如仇，如果事情从你口中说出去，导致这个同学遭到其他同学的排挤，那么你就好心办坏事了，知道吗？如果你犯错，你当然不喜欢被这样对待。所以我们要推己及人，要宽容自己，也要宽容他人。"

听完妈妈的话，乐乐陷入沉思，意识到自己的确需要反思，还向妈妈保证自己在下次遇到这样的情况时，一定会理智思考，慎重处理。当然，妈妈也允许乐乐可以自由地发表言论，前提是不扩大事态，不对他人造成恶劣的作用和影响。

在这个事例中所发生的情况的确是很难处理的。因为孩子还小，对于很多事情都缺乏判断能力，也不能理智地做出最好的处理和解决方案。妈妈对于乐乐的启发和引导，还是相对适宜的，妈妈尽管不希望乐乐多管闲事，但是也知道孩子对于集体负责任的态度很重要，敢于担当的勇气也很重要。为此，妈妈委婉地提醒在做好事的同时，如果方式不恰当，可能会导致严重的后果，从而告诉乐乐以后要谨言慎行。当然，妈妈没有粗暴地要求乐乐以后明哲保身，不管其他的事情，也给予乐乐发表言论的权利，但是要建立在保证安全的情况下。这样深刻而又难以把握界限的事情，让孩子一下子就明白是很难的。唯有在结合各种具体的情况时对孩子展开引导和启发，也随着孩子的心智不断成熟，孩子才会有所感悟，顺利成长。

孩子正处于人生观、价值观等形成的关键时期，父母对于孩子的教育一定要小心谨慎，既不要对孩子的言行举止全部否定，也不要对孩子过于放纵。常言道，凡事皆有度，过度犹不及，父母一定要给予孩子适度的引导，也给孩子自主思考的空间，孩子才能健康快乐地成长。

孩子要学会独立作出选择

父母即使再爱孩子,也不可能永远陪伴在孩子身边。现实生活中,由于大多数家庭都只有一个孩子,所以父母往往对于孩子看得很重,含在嘴里怕化了,捧在手里怕摔了。在这种情况下,父母总是情不自禁想要代替孩子成长,也恨不得为孩子做一切决定。然而,生命终究只属于孩子,父母就算为孩子再怎么奔波忙碌,也无法替代孩子走完这一程。因而明智的父母不会凡事都代替孩子做决定,或者即使孩子的决定不够明智,父母也会尊重孩子,中肯地给予孩子建议,而不会完全代替孩子去选择。

孩子的生命是父母给的,但是孩子的生命只属于自己。孩子要为自己的人生做主,要决定自己的人生之路到底怎样去做。对于每一位父母而言,最大的成功不是代替孩子做出一切决定,全权包办孩子的人生,而是保护着孩子在人生的道路上走一程,交给孩子独立生存的技巧,也让孩子完全有能力独自走好剩下的人生之路。

彤彤即将上幼儿园了,爸爸妈妈有两个选择,一个是去距离家里比较远,但是更好的幼儿园,一个是去距离家里比较近,但是不那么出类拔萃的幼儿园。面对这两个选择,爸爸妈妈思考了很久,也商量了好几次,都没有做出决定。后来,爸爸提议:"不如让彤彤自己选择吧,这样既可以锻炼他的抉择能力,也可以培养他的独立性。"妈妈当即同意爸爸的意见,毕竟她和爸爸都无法做出好的决定,不如就给彤彤一个选择的机会,也尊重彤彤的意见。

一个周末,爸爸妈妈都在家休息,为此他们耐心地把情况和彤彤讲了一遍。彤彤听懂了爸爸妈妈的意思，问道："我如果去那个比较好的幼儿园，你们会送我的吧！"爸爸当即表态："当然，彤彤还小，不能独自去幼儿园。"彤彤还是有些担忧："那如果你出差呢？"看到彤彤小小年纪想得还挺多，爸爸不由得觉得好笑："爸爸出差，妈妈也会送你的。如果爸爸妈妈都出差，爷爷奶奶会负责送彤彤的。"这个时候，彤彤才放下心来，又问："家门口的幼儿园真的很糟糕吗？我的小伙伴就在家门口的幼儿园上学。"妈妈担心彤彤会被误导，赶紧和彤彤解释："家门口的幼儿园也挺好的，就是那个稍微远点儿幼儿园更好而已。不过，还是要看彤彤的选择，爸爸妈妈会支持彤彤的。"听到妈妈这么说，彤彤明显表现出放松的样子："那我可以就在家门口的幼儿园上学吗？我的小伙伴都在家门口的幼儿园上学，我想和他们成为朋友。而且如果爸爸妈妈出差，我自己也可以上幼儿园。"看到彤彤说得头头是道，尽管爸爸妈妈知道彤彤还不能自己去上学，但是他们约定好要尊重彤彤的想法，因而还是对彤彤的选择表示支持。

在这个事例中，爸爸妈妈陷入两难的选择，既喜欢家门口的幼儿园离家近，又惦记着稍微远点儿的幼儿园更好。无奈之下，他们把这个问题给了彤彤去选择，这样一来，不管选择哪一所幼儿园，都是彤彤真实的意思表达，爸爸妈妈也不至于因为选错了幼儿园而后悔。这无疑是个好主意，与此同时，还能培养彤彤独立思考、果断抉择的能力呢！

孩子是独立的生命个体，有权利决定自己的人生。也许孩子在小的时候必须依赖父母而生存，但是随着不断成长，孩子的自我意识持续觉醒，他们就会越来越疏离父母，而目的就在于让自己真正成长起来，成为独立的人。所以在教育孩子的过程中，父母也要以发展的眼光看待孩子，知道孩子尽管还小，但是心智却不断地发展，身心越来越成熟，因而要尊重孩子，给予孩子更大的空间去成长。相信父母会发现，越是勤快的父母，凡事都为孩子包办，孩子各个方面的能力越是受到禁锢，无法快速发展，孩子也因此缺乏独立生活和思考的能力。与此相反，越是"懒惰"的父母，他们几乎不为孩子做任何事情，只要是孩子能够独立解决的问题，他们都要求孩子凭着自己的力量去解决。这样一来，孩子反而得到机会锻炼和提升自己的能力，也得以全方面的发展和成长。所以明智的父母在孩子小时候无微不至地照顾孩子，等到孩子渐渐长大，他们就不会对孩子过分照顾，而是学会放手，给孩子更多的机会去锻炼，去尝试，这样孩子才有机会激发自己的能力，持续不断地成长。

放手，是对孩子最好的爱

随着几十年前独生子女政策的推行，如今有很多家庭里都只有一个孩子，而最早的独生子女也已经人到中年，为人父母。为此，衍生出独特的"4+2+1"家庭结构，即四个老人，一对父母，一个孩子。可想而知，在这样两代人都是独生子女的家庭中，孩子必然得到家人所有的宠爱，真正做到集万千宠爱于一身。正因为如此，孩子才会成为父母的眼珠子，爷爷奶奶和姥姥姥爷的心肝宝贝。他们不管什么事情都为孩子想在前面，也总是全方位为孩子考虑，替孩子努力。在这样的家庭氛围中，孩子的能力逐渐下降，变得什么都不会。等到孩子长大了，不会做任何事情时，父母又忍不住抱怨孩子不懂事，凡事都要依赖父母。实际上，这根本不怪孩子，而是父母的骄纵和宠溺，才导致孩子低能，甚至是无能。

　　父母再爱孩子，也不可能照顾孩子一辈子。当父母逐渐老去，却不愿意让孩子承受更多，那么孩子最终会被生活的重担压垮，也成为毫无担当能力的人。每个人做任何事情，都有一个从不会到会的过程，婴儿学习说话，还要先从最简单的发声开始做起；幼儿学习走路，不知道要摔倒多少次，到最后才能健步如飞。作为父母，不要过于低估孩子的能力，对孩子过度保护，否则就会导致孩子变得非常无能和怯懦，也会禁锢孩子正常的成长和发展。明智的父母会对孩子放手，在看着孩子一次又一次失败、不断进步的过程中，父母最终会欣喜地发现，孩子长大了。

　　最近，学校里要组织大扫除。小凯才上一年级，在家里连扫帚怎么拿都不知道呢，为此听说小凯要在学校里打扫卫生，一直疼爱和宠溺小凯的奶奶首先不干了。奶奶大惊小怪地说："开玩笑么，这么大的小孩子连扫帚都没有拿过，怎么大扫除？而且，擦窗户什么的都很危险，万一孩子掉下去怎么办？"奶奶紧张得一个晚上都没有睡着觉，并且把自己的忧虑在家长群里说了出来。不想，奶奶马上找到了共鸣，还有十几个家长一样不赞成让孩子大扫除，也担心孩子会出危险。他们就在群里边聊天边形成决议：明天带上工具，去学校里帮助孩子们大扫除。

　　次日，老师正在给孩子们安排大扫除的任务呢，就看到十几个家长浩浩荡荡地来了。得知家长们的用意后，老师不由得啼笑皆非："家长们，我知道你们都很爱孩子，但是劳动也是我们学校的一门课程，是不可以代替孩子完成的。而且，孩子已经正式成为一年级的小豆包，未来每个周末都会大扫除,难道你们能够每次都来替孩子打扫吗?或者,你们整个一年级都可以代替孩子打扫卫生,那么等到二年级呢,三年级呢……孩子一天天长大,你们还能代替他们做什么?如果你们一直帮着孩子打扫卫生,孩子就永远也不会打扫卫生。如果你们凡事都为孩子代劳,孩子就什么都不会做。我觉得你们要给孩子一个机会去亲自感受打扫卫生的辛苦,也在干的过程中深刻感悟如何才能把一切做得更好,这对于孩子而言是很有意义的。所谓"授之以鱼不如授之以渔",你们一定要端正思想,才能配合学校做好对孩子的教育工作,而不要总是给孩子的成长造成阻力。"

老师的一番话说得合情合理,有些家长意识到错误,因而动摇了。但是隔代亲的爷爷奶奶还是不愿意离开,坚决要帮助孩子们打扫卫生。为此,老师只得挨个给孩子的爸爸妈妈打电话,让爸爸妈妈做爷爷奶奶的工作。最终,在几个方面的共同努力下,爷爷奶奶才打道回府,再也不提为孩子打扫卫生的事情。

在这个事例中,爷爷奶奶对孙辈的疼爱和溺爱显而易见。正如老师所说的,父母和其他长辈不可能永远都代替孩子解决问题,更不能剥夺孩子亲自去做,用心去感受的机会。否则,就会害了孩子,导致孩子各个方面的能力发展都受到限制,无法健康茁壮地成长。

父母必须意识到,孩子早晚有一天会离开自己的身边,独自去生活。既然早晚都要放手,父母就不如早点放手,这样才能从小培养孩子独立自主的能力,也给予孩子更多的时间去学习和尝试。生活中,很多父母喜欢代替孩子回答问题,却抱怨孩子很内向,社交能力非常弱。试问:作为父母连回答问题这种小事情都为孩子代劳,孩子还有机会提升自己的表达能力吗？现代社会，因为学习压力大，孩子的课业任务也很重，所以还有很多父母习惯于看着孩子写作业。孩子从幼儿园到大学毕业，也上学十几年，难道父母能一直看着孩子，绝不放松片刻呢？被父母看着长大、盯着学习的孩子，一旦避开父母的眼睛，马上就会自制力全无。这样的突然放纵，往往导致很糟糕的后果，那么父母为何不在孩子小时候，就为孩子制定规矩，帮助孩子养成良好的作业习惯呢？习惯一旦养成，父母就算不看着孩子，孩子也能主动认真地完成作业，比接受父母的监督好得多。

要想让孩子人前人后一个样，要想让孩子积极主动地完成任务，父母还要有的放矢引导孩子形成自律力。如果说外部的力量只能约束和禁锢孩子，那么内部的力量则能够为孩子的言行举止提供长久的动力，也让孩子在自制力之下，更能够安排好生活，也学会珍惜时间。总而言之，父母不是孩子的眼睛，孩子最终要依靠自己的眼睛看这个世界。父母也不是孩子的监工，与其把每一分每一秒都用来看着孩子，父母不如最大限度激发起孩子自身的力量，让孩子能够做到积极主动，合理安排好人生。

第 06 章

培养孩子好品德，教会孩子谦恭孝悌和感恩

  这个世界上，既有辽阔博大的爱，如同大海一样，也有狭隘自私的爱，如同小小的针尖一样。作为父母，一定要培养孩子拥有好品德，让孩子懂得感恩，也能够谦虚礼让待人，这样孩子才能处理好复杂的人际关系，也才能让自己获得更好的生活。

心怀大爱，人生才更幸福快乐

　　还记得十年前的汶川大地震吗？地震突然发生，让整个汶川县城都变成一片废墟，在消息发出来的第一刻，除了官方的应急反应之外，还有很多民众自发地组织起来去四川抗震救灾。如果说人民子弟兵是肩负着责任和使命，那么作为普通民众，为何要迎难而上，不顾一切地冲锋在前呢？就是因为他们心怀大爱，所以才会在大灾到来的时候，勇往直前，不顾个人的安危，也要向灾区的人们伸出援手。

　　前段时间，北京凤凰山，一位叫蜂窝的女驴友在爬山的过程中走失，惊动了众多驴友。不仅北京的驴友马上自发组织起来进行救援，而且包括河北等地的驴友，也马上赶赴北京。驴友们还成立了指挥部，不间断地上山进行搜寻。十几天过去了，这位女驴友依然不见踪迹，救援的驴友之中，还有人在坚持寻找。不得不说，大部分驴友和蜂窝都不相识，为何蜂窝的失踪会引起他们的广泛关注呢？因为他们心中有大爱。只有心怀大爱的人，人生才会更加幸福快乐，也只有心怀大爱的孩子，才能拥有人生大格局。

　　当然，孩子并非生而就有大爱的。要想让孩子拥有博爱之心，父母就要从小保护孩子的爱心，也激发孩子的爱心。当孩子积极主动地想要表现爱心的时候，父母还要支持孩子，而不要总是限制孩子。也许拥有博爱之心的人注定要付出更多,但是在付出的同时,他们也会有所收获。因而作为父母,一定要在孩子感到无助的时候,给予孩子最强有力的支持,哪怕孩子需要付出很多,父母也要作为孩子的坚强后盾。

汶川地震发生后,各级单位都组织捐款。晚上吃晚饭,爸爸妈妈坐在沙发上闲谈,商量着要捐多少钱。坐在一旁的小凯听到爸爸妈妈的话,马上关切地问:"妈妈,汶川是哪里?"妈妈说:"汶川在四川,是四川的一个小县城,四周都是山。"小凯又问:"都是山,那么地震不就把山震塌了么?"妈妈点点头,以沉痛的语气说:"是的,地震让大地的结构发生改变,所以很多地方的山体都塌陷了,把房子、人都埋藏在下面。"听到妈妈这么说,小凯不由得担忧起来:"小朋友也被埋在下面了吗?"妈妈点点头,说:"地震发生的时候,很多学校都在上课,所以有很多小朋友没有来得及跑出去。"小凯当即表态:"妈妈,我有压岁钱,一共是一千六百元钱,我要都捐献出来。"

原本,爸爸妈妈合计着每个人在单位捐款五百元,因而听到小凯说要把一千六百元都捐献出去时,妈妈不由得大吃一惊,脱口而出:"捐这么多吗?"小凯动情地说:"我就算没有钱,还有爸爸妈妈,还有饭吃,有地方住。但是,汶川的小朋友很可怜,他们有的失去生命,有的失去父母,我愿意把所有的钱都给他们用。"妈妈正准备继续劝说小凯少捐一些,留点儿钱买文具呢,爸爸以眼神示意妈妈,然后,爸爸才说:"小凯,你想得很对,爸爸妈妈支持你。没关系,你慢慢攒钱,还会有压岁钱的,但是现在正是汶川的小朋友需要帮助的时候,你做得很棒!"就这样,在学校里组织捐款的时候,小凯抱着自己的储钱罐去学校,把所有的钱都捐出去了。对于小凯的表现,爸爸觉得很骄傲:"和孩子的博爱之心相比，这些钱又算得了什么呢？"妈妈在爸爸的劝说下，也感到释然，毕竟孩子的健康成长才是最重要的。

如果妈妈这次制止了小凯，不让小凯捐献出所有的钱，而是让小凯有所保留，那么未来在一次又一次的有所保留中，小凯的博爱之心会消失，他会变得越来越世故，也会变得越来越自私。当然，孩子这样的负面感情并不仅仅只针对于某一个人，而是有可能辐射到所有人身上。所以当孩子对父母也表现出吝啬的时候，父母不要觉得想不明白，因为正是他们没有给孩子树立积极的榜样，孩子才会在成长的过程中有所偏差。

培养孩子的博爱之心，还要教会孩子付出不求回报。所谓赠人玫瑰，手有余香，帮助别人本来就能给我们带来快乐，又何必要强求别人的回报呢？所以在培养孩子的博爱之心时，父母也要帮助孩子端正乐于助人的思想，否则孩子因为付出之后得不到回报而懊丧，就会让人感到遗憾。

满招损谦受益，让孩子学会谦虚

谦虚，是中华民族的传统美德，对于孩子的教育，父母也要让孩子养成谦虚的好习惯，孩子才能始终怀着一颗谦逊的心，努力向上，争取进步。古人云，"满招损，谦受益"，意思就是说骄傲使人落后，虚心使人进步。尤其是在学习方面，孩子更应该保持谦虚的态度，从而才能常怀空杯心态，让自己积极努力地奋发向上。

过于骄傲的孩子往往非常自负,他们甚至会因为自负,导致自以为是,根本不能客观评价自己。当对于自己的评价过高时,孩子们在做事情的时候就会遭到挫折,因为他们高估了自己,所以才会在真正施展能力证明自己的时候,陷入被动和困境之中。作为孩子,既不要妄自菲薄,也不要妄自尊大,唯有不卑不亢面对人生,才能以谦虚的姿态保持进步。

在这次月考中,成绩始终在班级前十名徘徊的乐乐超常发挥,居然取得了第一名的好成绩。他有两科成绩在班级里都位列第一,有一个科目的成绩在班级里位列第三。为此,乐乐得到了老师的大力表扬,老师不但号召全班同学都向乐乐学习,还当着全班同学的面给乐乐颁发了一个精美的笔记本作为奖品呢!

经过这次考试,得到了奖励和奖品,乐乐未免有些骄傲起来。他总是觉得自己已经一跃成为班级第一,因而在同学们面前也表现得很骄傲。有一次,乐乐和同桌吵架,情急之下,乐乐还故意刺激同桌:"有本事,你也考个全班第一给我看看啊!"同桌生气急了,反驳乐乐:"你又不是次次考第一,别人考了第一,也没像你这么嚣张跋扈。"果不其然,到了下次考试的时候,乐乐因为骄傲,成绩下滑到班级里二十几名。老师无奈地对乐乐说:"你这个孩子成绩也太不稳定了,怎么就像坐了过山车一样?"乐乐知道自己没考好,乖乖地低下头听老师的训诫,也不敢找出借口为自己狡辩了。

满招损,谦受益,事例中的乐乐正是因为骄傲,所以才与同学疏远,也是因为骄傲导致轻视考试,结果在下一次考试中成绩一落千丈。假如乐乐能够调整好心态,胜不骄,败不馁,那么他就会成为真正的人生强者，坦然面对人生中的每一场考试。

　　现实生活中，很多孩子都容易骄傲。当在学习方面取得优秀的成绩，或者在某些方面比较突出的时候，他们的自信心就会膨胀，导致从自信进入自负的绝境，他们当然也就无法获得长足的发展。明智的父母越是看到孩子轻而易举获得成功，越是不要对孩子表现出太大的热情和过度的认可，否则就会让孩子完全不知道自己是谁，也会导致孩子在成长的历程中受到莫大的阻力。除了不能骄傲之外，孩子还需要注意的是，不能瞧不起不如自己的人。从本质上而言，每个人都既有自己的优点，也有自己的缺点，如果孩子总是因为自身的优点而沾沾自喜，丝毫看不到自己的缺点，那么他们就会因为骄傲而原地踏步。当然，不骄傲的反面并非是过度谦虚，孩子们也不要拿自己的缺点和不足，与他人的优点和长处比较，否则就会导致妄自菲薄，根本不知道自己的人生应该如何度过。作为父母，要多多与孩子谈心，帮助孩子解开心中关于骄傲和谦虚的疑惑，从而才能卓有成效地推动孩子不断向前发展，也给予孩子更多的积极力量。

孝敬父母，是中华民族的传统美德

　　孝敬父母，是中华民族的传统美德，也是每一个作为子女的应该对老人尽到的赡养义务。不管从哪个角度而言，孝敬父母和长辈都是不可缺少的，那么作为父母，一定要从小就培养孩子孝敬父母的优秀品质，而不要总是对孩子过于骄纵，导致孩子觉得父母就该对自己卑躬屈膝，自己就该对父母颐指气使。当然，有很多孩子不孝敬父母，原因在父母身上。不可否认的是，现代社会大多数孩子都是独生子女，都是全家的希望所在，为此，父母和长辈们总是对孩子过于溺爱。当孩子习惯于接受父母无微不至的照顾，他们并不会感激父母，反而觉得父母就该对他们好，渐渐地对父母越来越苛求，而从来没有任何感恩之心。

从这个角度而言，当父母抱怨孩子不孝顺的时候，不如先反思自己，在对孩子的教育中承担起了怎样的角色？如果父母始终在无怨无悔地付出，则孩子的不孝敬几乎已经成为必然。父母也没有必要羡慕别人生了个好孩子，对父母毕恭毕敬，而且也很孝敬。这不是孩子天生就孝敬，而是孩子的父母教得好，所以孩子才能知书达理，也才能给予父母最好的回报。

此外，在抚养孩子长大的过程中，父母还需要注意的是，不要总是怨声载道。很多父母在为孩子付出之后，又总是把自己的辛苦挂在嘴边上，那么我们不由得要问这样的父母：你们是想抚养出一个真心孝敬父母的孩子，还是想把孩子当成债主，去向孩子讨债呢？当父母抱怨孩子，孩子也会模仿父母，去抱怨父母，如此一来，还谈何感恩之心呢？

爸爸妈妈在静静五岁的时候，因为计划生育风头正紧，所以他们为了生儿子杨洋双双辞职。生杨洋付出了很大的代价，为此爸爸妈妈对杨洋非常看重，把家里所有好吃的、好喝的、好玩的都给杨洋，无形中就忽略了静静。就在这样极其不平等的关系中，静静默默地长大了。幸好爸爸妈妈还不是封建的重男轻女思想，他们尽管心中把静静看得比杨洋轻，但还是供养静静读大学。静静从小不受父母的重视，所以非常努力，总是想方设法让自己做得更优秀，能够得到父母的认可和赏识。对于父母偏向杨洋，静静也从来不怨恨，反而觉得父母给了她生命，还供养她读书学习，为此对父母心怀感激。

后来，静静和杨洋都成家了。从小就过着衣食无忧生活的杨洋，从来不孝敬父母，反而抱怨父母在他大学毕业后就没有给他钱，也没有为他买房。实际上，父母不是不愿意为杨洋花钱，只是在供养两个大学生之后，他们真的已经心有余而力不足了。懂事的静静把父母接到身边，让父母和自己一起生活。没过几年，爸爸得了食道癌，急需要手术，静静找杨洋商量，杨洋居然厚颜无耻地说："不要来找我，爸爸妈妈不是归你管么！"听到杨洋这么说，静静气得简直想揍他一顿。后来，杨洋再也没有出现过，就连静静一手操办爸爸住进医院，动了手术，他都躲得远远的，无声无息，仿佛人间蒸发了一样。对于杨洋的表现，爸爸妈妈也伤透了心，说自己白养了个儿子，还不如养只狗还懂得在主人遇难的时候摇摇尾巴呢！

在这个事例中，杨洋之所以不懂得孝敬父母，是因为他从小就被惯坏了。他习惯了父母无微不至的照顾，也习惯了从父母那里不断地索取，而从未想到过父母老了，也需要孩子的照顾，也需要依靠孩子。直到生死关头，父母对于绝情的杨洋丝毫不抱希望，也真正反思到自己在养育孩子方面的错误。

不管孩子是孝敬父母，还是薄情寡义，父母都要首先反思自身的原因，而不要一味地责怪孩子。没有孩子是天生就很孝敬父母的，也没有孩子天生就是白眼狼，对父母无情无义的。父母是孩子的第一任老师，孩子是父母的镜子，父母也许看不到自己，但是却能看到孩子，那么就要从孩子身上反思自己，这样才能最大限度地提升和完善自己，让自己真正养育出有孝心、重情义的孩子。

在培养孩子孝敬父母的好品质时，父母还要注意，不要一味地说教孩子。毕竟孩子的耐心有限，理解能力也不是很强。如果父母能够改变方式，把说教变成讲故事，那么孩子在饶有兴致听故事的过程中，也许就会理会父母的深意。此外，父母还可以在现实生活中给孩子树立活生生的榜样，例如孩子的表哥表姐，甚至父母自己，都可以成为孩子孝敬父母的楷模。这样一来，孩子才会潜移默化形成孝敬父母的观念，也培养自己拥有孝敬的美德。

感恩之心，让孩子更知足

现代社会，因为在骄纵和宠溺中成长，拥有感恩之心的孩子越来越少。大多数孩子作为独生子女长大，从小就习惯了享受父母无微不至的照顾和全心全意的付出，因而把一切都当作是理所当然。在习以为常地享受他人的付出时，一旦他人的付出不像以往那么多，或者他人的能力达不到孩子预期的水平，孩子还会怨声载道，抱怨他们。面对这样不知道感恩的孩子，父母一定会很伤心，甚至对孩子完全失望。

实际上，孩子的感恩之心并非是与生俱来的。父母要想让孩子拥有感恩之心，就要培养孩子懂得知足，学会感恩。否则，父母在教养孩子的过程中只是一味地为孩子付出，孩子如何能够学会感恩，也真正地感恩父母呢？没有感恩之心的孩子，不但与父母的亲子关系会变得恶劣，在走出家门走上社会之后，在与其他人相处的时候同样会出现各种各样的问题。他们的心就像无底的深渊，不管得到他人多少的馈赠，都总是觉得少，更不知道满足。试问，有谁愿意与这样的人相处呢？就连父母都不能容忍孩子不知感恩，别人更不能理解孩子的贪婪和无知。

有一段时间，爸爸失业了，为此，整个家庭的经济情况都陷入困顿，乐乐的生活质量也大大下降。暑假里，一直忙着挣钱养家的妈妈和爸爸商量之后，决定抽出一天的时间带着乐乐去附近的海滨浴场玩耍，也算是给乐乐过了暑假。不想，乐乐在听说只是去海滨浴场玩耍时，马上就噘起嘴巴，不屑一顾地说："我们班级里，有的同学去马尔代夫，有的同学去韩国，最不济也是去上海迪士尼乐园，谁和我们一样就去一个小时车程的海滨浴场啊！"听了乐乐的话，爸爸气得差点儿挥起巴掌，想要给乐乐几耳光。

妈妈赶紧制止爸爸，语重心长地对乐乐说："乐乐，爸爸失业了，你知道吗？"乐乐点点头，妈妈继续问乐乐："那么你知道在爸爸没有找到工作之前，咱们全家人都要靠着妈妈的薪水生活吗？"乐乐惊诧地看着妈妈："咱们家里难道没有存款吗？"妈妈说："当然有，但是存款是以备不时之需使用的，不是用来过日子花费的，否则存款花完了，又该怎么办呢？你知道咱们家里现在房贷、车贷，还有养育你的费用，每个月要花多少钱吗？"乐乐摇摇头，说："我从未想过这个问题啊。"妈妈说："那我今天就告诉你，毕竟你也这么大了，到了该为父母分担忧愁的时候了。咱们家里，每个月包括房贷、车贷和养育你的费用，以及生活日常开销，要支出两万元左右。但是妈妈一个月的收入只有一万五千元，这也就意味着每一个月过去，我们都要从存款里拿出五千元来，才够维持正常的生活。这还是在没有意外开销的情况下，懂吗?"乐乐面色凝重起来,夸赞妈妈:"妈妈,你挣的其实已经很多了。"妈妈说:"是啊,妈妈本来每个月的收入大概在一万元,因为爸爸失业,家里的经济压力大,所以妈妈才每天早出晚归、加班加点地工作,所以才能把收入提升一些,从而让存款每个月少支出一些,这样才能多维持一段时间。妈妈和爸爸带你出去玩,妈妈要少挣一天的钱,而且玩的这一天还要花好几百块。也许去海滨浴场玩的确很low,但也是爸爸妈妈对你的心意,你为何不知道感恩,还要抱怨和嫌弃爸爸妈妈没钱呢?有钱的人很多,难道你愿意去和他们一起生活吗?"听了妈妈的一番话,乐乐的眼泪流出来,他懊悔地向妈妈承认错误,和妈妈道歉,并且说:"妈妈,要不我们就不要出去玩了,你挣钱很辛苦,还是节省一些吧!"妈妈欣慰地说:"爸爸妈妈愿意给你花钱,只要你懂得感恩。你要知道,一个特别有钱的人哪怕给你一千万,也不如爸爸妈妈倾尽所有地为你花费一千块来得更可贵,对吗?"乐乐点点头。经过这次与妈妈的深入沟通,乐乐很少再对父母提出非分的请求,而且他还在赶集网上面给爸爸投递简历,帮助爸爸找工作呢!

常言道,滴水之恩,当涌泉相报。在养育孩子的过程中,父母付出的不仅仅是滴水之恩,而是为孩子付出了所有的心力,如果孩子不能体会到父母的用心良苦,而且总是抱怨父母给他的还不够,可想而知父母会觉得多么伤心和失望。当然,父母培养孩子拥有感恩之心,绝不是为了让孩子有朝一日回报父母。父母对于孩子的爱是无私的,也是不求回报的,但是孩子主动肩负起赡养父母的义务,从而才能真正做到孝敬父母。

此外,在人际相处的过程中,如果孩子总是不懂得感恩他人,哪怕从别人那里已经到了很多，却依然对他人所求无度，无疑，孩子就无法处理好与他人之间的关系，也会被他人否定和嫌弃。总是不知道感恩的孩子还很喜欢抱怨，他们因为不知道满足，也不知道他人的辛苦，所以心就如同填不满的沟渠，始终在贪婪地索取。对于这样的人，没有人愿意与他们相处，因而他们不管是在生活中还是在工作上，都会面临很多的困境。

拥有感恩之心，对于孩子而言是一种幸运，也是人际交往的智慧。父母对于孩子的爱可以无私，但是不要没有限度，因为唯有适度地爱孩子，对孩子付出，才能让孩子懂得感恩，珍惜所有。

学会承担责任，意味着孩子真正长大

在不断成长的过程中，孩子的身高变得越来越高，体重变得越来越重，骨骼变得越来越结实，但是对于孩子而言，到底怎样才意味着真正长大呢？有人以年龄作为界限，说孩子到了十八岁就算成人，也算真正长大；有的人秉承传统的观念，以婚姻作为界限，说孩子必须结婚成家，也为人父母，才算是真正长大。其实，不管以什么作为标准界定孩子是否长大，孩子都必须满足一条，那就是学会承担责任。

孩子唯有承担责任，才能主动尽义务，才能在做人做事的时候更加认真负责。否则，如果孩子没有责任心，那么犯了错误他们会逃避，不知悔改，有了难题也会马上跑得不知所踪，或者有些孩子还索性把责任推卸给他人，让他人去承担。不得不说，这样的孩子都是没有长大的。

每一个父母都要意识到，孩子唯有拥有责任心，才能安身立命，才能在每个方面都非常积极努力，争取做到最好。而缺乏责任心的人，不管已经多大年纪，也不管是否结婚生子，都还没有真正成为独立意义上的人，都没有真正地长大成人。

当然，培养孩子的责任心并非朝夕之间就能实现的事情。孩子小时候是没有责任心的，从新生儿，到幼儿，再到儿童，孩子始终都在父母的照顾和庇护下成长。但是，这并不意味着父母不需要在此期间培养孩子的责任心，对孩子进行适当的引导。否则，如果父母从来不引导孩子形成责任心，则孩子就会彻底失去责任心，直到长大成人也没有责任意识。这是父母对孩子教育的缺失。那么，父母要如何培养孩子的责任心呢？当孩子一岁之后学会走路，他们活动的半径越来越大，各个方面的能力也有所增强。为此，父母就开始着手培养爱孩子的责任心。听起来，责任心似乎是很高大上的，实际上，责任心要从点滴做起。例如，一岁多的孩子就可以在妈妈的指导下学会整理自己的玩具和书籍，两岁多的孩子可以做些力所能及的家务事，诸如帮助妈妈拿筷子，摆放好筷子。等到三岁以后，随着自身能力的发展，孩子掌握了更多的技能，父母也可以让孩子做更多的事情，例如择菜，扫地，洗自己的小袜子、小短裤等。虽然孩子一开始做得不够好，但是父母只要耐心地引导孩子，孩子就会越做越好。需要注意的是，很多妈妈觉得孩子能力不足，不管做什么都是添乱，因而粗暴地打断孩子，不允许孩子进行各种尝试，这种思想是完全错误的。正因为孩子还小，不能做好很多事情，父母才更要给他们机会去锻炼。否则，孩子一直不去做，又如何提升自身的能力，让自己变得更加强大起来呢？

除了通过安排孩子做一些力所能及的小事情，培养孩子的责任心之外，父母还可以抓住机会锻炼孩子，让孩子主动承担责任。例如，进行家务分工，让孩子自主地权衡自身的能力，从而主动承担起相应的家务活。让孩子以更高的热情参与家庭生活，不但能够培养孩子的责任心，而且有助于增强孩子的家庭荣誉感。事实证明，孩子对于家庭事务的参与度越高，他们就越是热爱这个家庭。孩子对于家庭事务越是疏离，他们就越是不爱这个家庭。因而明智的父母会丰富孩子在家庭生活中的角色，决不让孩子只是单纯地作为享受者的角色出现。

周末，家里要进行大扫除，妈妈要求全家人都承担相应的工作。以往，大扫除都是妈妈一个人在劳动，偶尔爸爸会帮妈妈的忙，但是乐乐和甜甜兄妹俩是不会参与的，只是坐在电视机前看电视，或者在书房里看书而已。所以对于妈妈的这个要求，才四岁半的甜甜首先提出异议："可是，妈妈，我还这么小，不会干活呀！"妈妈听到甜甜萌萌哒的语言，忍不住笑起来，抚摸着甜甜的头说："甜甜，你的确还很小，但是你已经可以干活了呀。妈妈不会让你干很重的活，你觉得你的力量可以做些什么呢？"在妈妈的启迪下，甜甜最终选择整理玩具。乐乐呢，则被爸爸安排去擦玻璃。对此，乐乐很不满意，说："凭什么甜甜就是收拾玩具，我却要擦玻璃呢！那些玩具本来就是甜甜弄乱的，理所应当甜甜收拾，所以甜甜完全没有承担家务活。"对于乐乐的抱怨，爸爸笑着说："你呀，像不像个哥哥呢！甜甜现在还小，只能做这些活儿，等到她像你这么大的时候，肯定比你干活儿多，好吧？"乐乐嘀嘀咕咕擦完玻璃，这个时候，爸爸已经整理完所有的柜子，又把家具擦了一遍，而妈妈也已经把地面和厨房卫生间都整理干净了。看着家里窗明几净的样子，乐乐很小心地提醒甜甜："甜甜，家里好不容易才打扫干净，要保持干净，不能弄得脏乱哦！"甜甜煞有介事地点点头，说："哥哥，你也要保持。"

看着两个孩子经过一场劳动的洗礼，就像长大了一样，妈妈欣慰地笑了。在此之前，每次妈妈辛苦地打扫完家里的卫生，乐乐和甜甜总是不知道爱惜，常常才过了半天，就让家里恢复脏乱差的样子。这次，乐乐甜甜亲自参与打扫卫生，果然对家更加爱惜了。

在这个事例中，孩子为何突然有这样的转变呢？就是因为孩子们也参与了大扫除，承担了属于自己的责任，所以他们更加爱惜自己的劳动成果，也不愿意因为一时的疯狂就让家里恢复脏乱差的面貌。有了这次的经验，相信妈妈以后每次大扫除的时候，都会安排孩子一定的任务，这样一来才能提高孩子对家的热爱程度，也让孩子亲身体会妈妈打扫卫生的辛苦。

很多父母都太过勤快，在家庭生活中，总是不由分说地把一切属于孩子的事情都做了，更是从来不让孩子承担自己应该承担的责任。父母觉得这是对孩子的爱，实际上这不但增强了孩子的惰性，也导致孩子失去家庭责任感。不管多大的孩子，只要他有能力做一些事情，父母就要让孩子参与家务活动。这样一来，孩子才会形成家庭责任感。除了在家庭生活中之外，勇敢地承担责任对于孩子的成长有很大的好处，能够让孩子肩负起学习的重任，也能够让孩子更加身体力行地做自己能做的事情。帮助孩子拥有责任心，父母就会发现孩子变得截然不同。

赠人玫瑰，手有余香

在人类所有的品质中，善良是最美好的品质，也能够在人的心底开出绚烂的花朵。当孩子拥有善良的品质，他们不但会宽容地对待这个世界，而且也会更加豁达乐观、从容不迫地面对人生。举个最简单的例子，心地善良的孩子在与小伙伴相处的时候，哪怕受到一点点伤害，也不会马上睚眦必报对待小朋友，而是会原谅小朋友，以恕己之心恕人。善良的孩子还很乐于分享，在分享的过程中，他们感受到快乐，也得到不可言说的收获。

相比起善良的孩子，那些心思狭隘的孩子则总是斤斤计较，心眼比针尖还小。他们不管做什么事情，都会不停地算计，想知道自己到底是得到的多，还是付出的多。实际上，得失是可以相互转化的，当孩子过于沉溺于得失，他们就会失去得更多。常言道，吃亏是福，就是告诉我们每个人吃亏没关系，因为有的时候得到就是失去，失去就是得到。

很久以前，天寒地冻，天空中刮着凛冽的寒风，鹅毛般的大雪不停地飞舞。一个小男孩正在风雪中艰难地前进，每走一步，他都觉得筋疲力尽。原来，他从早晨到下午都没有吃任何东西，甚至连口水都没喝。他正在卖日用品，为自己筹集学费，否则，他就只能面临辍学的困境。然而一整天下来，小男孩没有卖出去任何东西，放眼望去，茫然天地间，只有他一个人在走着，这么恶劣的天气，大多数人都留在家里，围着温暖的壁炉坐着，或者谈天说地，或者看看书，或者喝杯酒。男孩觉得心灰意冷，甚至下定决心不再上学，也省得这么辛苦地赚学费了。

过了一会儿，男孩才在风雪之中依稀看到前方有一幢房子。他赶紧朝着房子走去,心中暗暗想道:哪怕只能喝一杯热水也好啊!男孩敲门很久,才有一个女孩开门。看着女孩,男孩很不好意思,低下头小声地问:"请问,可以给我一杯热水吗?"女孩看出来男孩饥寒交迫,当即答应男孩的请求,转身走到屋子里。男孩等了好几分钟,女孩才端着一杯热牛奶走出来。男孩很忐忑:这样一大杯热牛奶需要多少钱呢?我只有一角钱,只够买一杯热水的。男孩放下手里的日用品,用两只手捧着这杯热牛奶,慢慢地、一小口一小口地喝着。很快,他的身体感到温暖。喝完牛奶,男孩羞愧地对女孩说:"不好意思,我没有钱付这杯牛奶的费用,我以后会还给你的。"女孩无声地笑着,对男孩说:"不要钱。妈妈说,赠人玫瑰,手有余香,能帮助你是我的福气。"听到女孩这句话,男孩觉得浑身充满了力量,他打消了辍学的念头,坚信自己一定可以完成学业,拥有美好的人生。

若干年后,男孩从医学院毕业,来到大城市的一家顶级医院工作,成为人人敬仰的医学专家。有一天,男孩接到另一个科室的会诊通知,说有一个疑难杂症的患者需要大家坐在一起商量,才能确定治疗方案。在会议上,男孩拿到病患的病历资料,当看到家乡熟悉的名字赫然写在病例上时,男孩当即产生了不可言说的预感。他当即奔向病房,在病房门外看到了女孩被病痛折磨得苍白无色的脸。回到会诊室,男孩与其他医生一起确定治疗方案。两个多月后,女孩的病终于好了,她即将出院,然而她也很害怕出院,因为她不知道在费用清单上将会有怎样的天价费用,更不确定自己能否承担起这笔费用。护士把出院的单据交给女孩,女孩闭上眼睛,久久地不敢睁开。当她终于睁开眼睛看着费用的栏目时,却惊讶地看到费用的那一栏里赫然写着:"一杯牛奶。爱德华医生。"女孩潸然泪下。

女孩很善良，所以才愿意帮助素不相识的男孩，她没有给男孩一杯热水，而是给了男孩一大杯热牛奶。女孩不知道，正是这杯热牛奶，让濒临崩溃的男孩重新燃起对生命的希望，也正是这份温暖，让男孩在此后的日子里不管有多难，都始终在坚持着，绝不放弃。

命运很神奇，让女孩在身患怪病之后遇到男孩，还得到了男孩的细心救治。当然，女孩从未想过有一天会是这一杯热牛奶救了她的命。然而，赠人玫瑰，手有余香，当爱心在人群中传递，谁也不知道这份爱最终将会富泽多少人。作为父母，一定要教会孩子善良。只有善良地对待这个世界，把自己的爱慷慨地付出给他人，才能得到命运丰厚的馈赠和回报。

第 07 章

关注孩子的心理需求，帮助孩子
进行心理修正

　　现代社会的孩子，在重重重压之下，生存越来越不容易。和几十年前的孩子在上学的时候轻松惬意，总是把玩乐结合在一起相比，现在的孩子休息的时间已经被挤压得消失殆尽。别说是孩子，就算是成人如果总是面对工作的压力，而没有时间休息和放松，也会是很难承受的。相比起成人，孩子的承受能力更差，而且正处于身心发展的重要阶段，所以他们必然会心力憔悴，甚至完全陷入困境，无法自拔。作为父母，不仅要关注孩子的吃喝拉撒，更要关注孩子的心理需求，也在竭尽所能满足孩子心理需求的同时，对孩子进行心理修正，从而帮助孩子健康快乐地成长。

不能让孩子成为学习的机器

为了不让孩子输在起跑线上，越来越多的父母开始对孩子发力，一则是因为他们的人生有遗憾，还有未尽的梦想，二则是因为他们感受到整个社会的压力，不愿意孩子输在起跑线上。正是在这样的双重考虑之下，父母才会对孩子们揪得更紧，根本不愿意让孩子有片刻休闲的时间。曾经有一所学校对孩子展开课外班调查，调查的结果让所有人都大吃一惊，原来孩子们少则两三门课外班，多则七八门，甚至九门、十门课外班，这也就意味着孩子在应付学校紧张忙碌的学习之余，还要应付繁重的课外班。他们不但平日里放学之后要去学习课外班，而且周末的时候根本没有时间休息，要在各门课外班之间赶场，还要拼尽全力挤出时间，才能完成学校的作业。

对于望子成龙、望女成凤的父母，当孩子提出抗议的时候，他们总是美其名曰为了孩子好，却从未想过孩子是否需要这样的好，是否喜欢父母这样对待自己。太多的父母陷入教育焦虑的状态，把孩子当成是学习的机器，就像黄世仁一样凶狠，丝毫不留情面地剥削孩子。在这样的情况下，孩子又会如何呢？首先，孩子的时间和精力是有限的，他们根本不可能完全按照父母安排的节奏完成所有的学习项目，因而很多孩子会出现顾此失彼的情况，逆来顺受地接受学习，却不能保证把所有学习任务都完成。其次，在父母的强迫之下，孩子们会产生逆反心理，他们或者在心中默默地忍受，或者还会想出极端的方法来对抗父母。近些年来，很多不同年龄阶段的孩子或者离家出走，或者跳楼自杀，到底是这个社会出现了问题，还是孩子的内心真的太脆弱了？然而，父母不是孩子，即使设身处地，也无法深刻了解孩子对于生命的绝望。如果不是被逼到一定的份上，孩子怎么舍得放弃这个花花绿绿的世界去选择死亡呢？因而面对孩子的无奈，除了一声叹息之外，我们更要拼尽全力走入孩子的内心，也可以把自己真正当成孩子，感受孩子所背负的压力和生命不能承受之重。

萌萌读高中了，她在中考中的成绩不太好，所以是妈妈托了关系找了人还花了很多钱，才进入了市重点高中。然而，进入重点高中之后，萌萌深刻体会到"强扭的瓜不甜"这个道理。萌萌的基础比较薄弱，而在重点高中里，孩子们都是尖子生，可想而知在这样的高强度学习下，萌萌与同学们之间差距立现，萌萌也感到非常吃力。看到萌萌的成绩在班级里依然排名倒数，妈妈非常着急，每天晚上萌萌下了晚自习，妈妈都会陪着萌萌写作业到晚上十二点。说是陪着，实际上妈妈是在看着萌萌。在妈妈目不转睛的看守之下，萌萌连一分钟都不能放松。

妈妈还给萌萌报名参加了课外补习班，每到周末，萌萌甚至比周一到周五更忙碌。课外补习班从早晨八点开始，到晚上八点结束。即便如此，妈妈也不放松，继续看着萌萌学习到十一二点。对于这样的状态，萌萌苦不堪言，她不止一次向妈妈提出申请，想转学到普通的高中，妈妈却说："你脑子进水了吗？妈妈花了多大的力气才让你进入重点高中，又有多少孩子即使家里有钱，也提着钱找不到庙门，想送礼都没地方送。"才开学一段时间,妈妈就觉得疲惫不堪,受不了了。为此,妈妈辞掉了薪水不高的工作,每天早晨送完萌萌去上学,她就回家做家务,而中午吃完午饭,她还会睡两三个小时,直到傍晚才起床准备晚餐。就这样,妈妈白天睡觉,晚上看着萌萌学习、写作业,才一个学期过去,萌萌就患上了严重的神经衰弱,还得了抑郁症,常常产生轻生的念头。

不得不说,这个事例中妈妈的做法实在欠考虑。妈妈作为成人,相比起孩子而言体力充沛,都不能承受如此高强度的时间安排,更何况萌萌作为孩子不仅仅是看着谁写作业这么简单,而是要耗费巨大的脑力去认真思考的。在这种情况下,妈妈就像熬鹰一样熬了萌萌一个学期,最终彻底把萌萌熬出毛病来,不但得了神经衰弱,还患有抑郁症,只怕此刻妈妈是后悔莫及,欲哭无泪吧!

现代社会,孩子身上承受着太大的压力。很多父母不知情,也许会说:"孩子不就是学习么,有什么大不了的。"是的,孩子的确是在学习,但是孩子是背负着沉重的负担学习,而绝不是轻轻松松地学习。孩子每天除了睡觉的时间,一直都在学习,没有片刻时间是放松的。去高中校园里看一看,很多孩子近视眼,很多孩子驼背,这都是学习累的。不仅老师把教学出成绩、考试提升升学率的压力转嫁给孩子,父母也一股脑儿地把自己没有实现的梦想,没有完成的心愿转嫁给孩子,还总是美其名曰说为了孩子好,弄得孩子哭笑不得,简直不知道应该如何面对这一切。

明智的父母尽管对孩子怀着美好的期望,希望孩子拥有成功的人生,但是他们不会违背孩子的天性,剥夺孩子自由的权利。他们知道,孩子不是学习的机器，不能做到不吃不喝把所有时间都用来学习，更不能做到连轴转而不需要任何休息的时间。要想让孩子实现可持续性发展，父母就要合理安排孩子的作息生活，也大力给孩子减轻负担和压力，这样孩子才能表现出生命的本能力量，说不定在轻松的状态下还会给父母更大的惊喜呢！

早恋不是洪水猛兽，关键在于恰当的引导

一提起关于孩子早恋的问题，很都父母都会感到抓狂，因为他们不知道如何面对身心还未成熟就已经开始恋爱的孩子，也不知道孩子在根本不懂得爱的年纪盲目地谈起爱情，最终的结果又会如何。为此，很多父母对于孩子的早恋都采取一刀切的态度，那就是严厉禁止，决不姑息纵容。当然，绝不纵容是对的，姑息却谈不上，因为孩子早恋是出于正常的心理需求，是对感情的渴望，而不是在做什么十恶不赦的事情。由此可见，父母要想以正确的态度对待孩子的早恋，首先要端正思想，意识到早恋不是洪水猛兽，而是孩子在相应的年龄段出现的正常心理需求。为此，父母要更加尊重孩子，平等对待孩子，才能打开孩子的心扉，走入孩子的内心，给予孩子更好的劝说和指导。

常言道，哪里有压迫，哪里就有反抗。当父母对于孩子的早恋怀有过激的态度，总是不由分说就怒骂和训斥孩子，只会导致孩子故意与父母对着干，也会导致孩子在冲动之下做出过激的举动。那么，父母对于孩子的早恋到底应该采取怎样的态度呢？首先，先认可孩子的感

情，这比直接否定孩子的感情好得多，也能够获得孩子的理解，帮助孩子保持平静的情绪。其次，不要总是以过来人的经验对孩子发表意见，毕竟时代在发展，如今的时代早已不是曾经的时代，如今的孩子也不再像曾经的孩子那么单纯。所以父母要设身处地为孩子着想，站在孩子的立场上分析利弊，从而帮助孩子权衡早恋的成本。最后，如果实在无法让孩子"回头是岸"，父母就要对孩子进行积极的引导，从而才能让孩子的感情朝着正确的方向发展。如果孩子们能够把爱情转化为一起努力奋斗的动力，这也不失为一个好结果。总而言之，对于早恋不要一味地压制，大多数早恋的孩子都正处于青春期，他们的叛逆心理原本就很重，在这种情况下如果父母还不能尊重和理解孩子，而只是一味地压制孩子，则一定会导致孩子变本加厉，推动早恋向前发展。

有的父母还会草木皆兵，把孩子之间原本的好感和彼此的欣赏，也当成早恋来对待。殊不知，这样的错误是不能犯的，对于孩子的疑似早恋，父母千万不要怀着宁可错杀一千，不可错过一个的态度。否则，就会让孩子觉得自己没有受到尊重，也没有得到父母的平等对待，对于孩子的自尊心是严重的打击。

一天，妈妈下班的时候路过晨晨的学校，正巧又快到放学的时间，因而她就特意等在校门口接晨晨放学。妈妈坐在驾驶座上听着音乐，觉得这样等待女儿的片刻休息时间，也是很难得的。然而，正当妈妈陶醉在音乐之中时，突然看到晨晨和一个高高瘦瘦的男孩一起走出校园。在经过学校大门口的时候，他们还刻意保持距离，而一旦走出学校，马上就并排向前走，不时地说笑着，显得十分亲密。面对这样的场景，妈妈关于孩子早恋的神经马上绷紧了，幸好她还有一定的理智，因而没有马上冲上去质问晨晨。

为了平复心情，妈妈特意在外面逗留了一段时间才回家。正是在这段时间里，妈妈打消了自己最初的冲动想法——以后每天亲自接送晨晨上学放学。妈妈安慰自己：如果晨晨真的想早恋，我看得了上学放学的路上，她在学校里的时候也可以谈恋爱啊！这么想来，妈妈否定了自己不成熟的想法。思来想去，妈妈觉得也不能声张，为此，她想到一个好办法。

有一个周末，爸爸出差了，家里只有妈妈和晨晨在家。妈妈和晨晨说起真心话，询问晨晨："晨晨，你们班级里有早恋的吗？我告诉你，妈妈上初中的时候，就有男孩喜欢妈妈。"听到妈妈暴露自己的隐私，晨晨马上表现出浓厚的兴趣："当然有啊。不过，妈妈，你说喜欢你的男孩，是爸爸吗？"妈妈正等着晨晨提问这个问题呢，赶紧顺杆儿爬说自己想说的话："当然不是爸爸啊。你想啊，初中时代每个人都还那么青涩，爱情怎么可能有结果呢！其实说是爱情，只是一种朦胧的喜欢而已。我当时还是很懂事的，想得也比较长远，就拒绝了那个男生。不过，我们班里真有同学谈得轰轰烈烈，不但惊动了老师，还惊动了家长，两人受到各方面的压力也没有分手。""那现在呢？"晨晨迫不及待地问。妈妈暗暗想道："看来这个丫头随我，还挺在乎结果的。"妈妈说："后来，上了高中就分手了。那会儿县城里好几个高中，离得也不远，但是早恋就连这点距离都承受不了，可想而知不是真正的恋爱吧！"

后来，晨晨又问起妈妈和爸爸认识的过程，妈妈毫不隐瞒，全都一五一十地告诉了晨晨。听说爸爸妈妈的认识过程那么浪漫，爱情也那么美好，晨晨简直羡慕得不行。妈妈趁机敲打晨晨："最好的爱情，就是在对的时间遇到对的人,而且还能得到双方父母的祝福,这样恋爱的人才能尽情地享受甜蜜的爱情,而无需像地下党一样提心吊胆的,哪里还有心情感受爱情的美妙啊!"晨晨若有所思,很久都没有说话。后来,她才喃喃自语:"希望我以后也能遇到像爸爸这样的好男人。"妈妈当即说:"当然,我的女儿这么优秀,一定会找到一个比爸爸更优秀的人生伴侣。"晨晨笑了起来。

在这个事例中,妈妈的做法很值得赞赏,那就是她在猝不及防发现女儿有早恋的倾向时,没有冲动地质问女儿,也没有表现出对女儿的怀疑,而是在合适的时机下引导女儿,借着和女儿谈天说地的机会,把自己的恋爱观点告诉女儿,也帮助女儿形成正确的恋爱观点。不得不说,妈妈的做法是很高明的,不露痕迹地教育了女儿,让女儿对在对的时间遇到对的人满怀期望,也让女儿对能够得到双方父母祝福的爱情怦然心动。这样一来,女儿如果真的在早恋,也许不会马上与对方分手,但是却会收敛自己,控制好自己,而不至于做出过分冲动的举动。这样一来,妈妈就为自己争取到时间,能够更好地监管女儿,从而给予女儿的成长更多的关注和爱,让女儿渐渐地转移重心。

现代社会,孩子普遍成熟得更早了。在这种情况下,早恋问题不容忽视,甚至有孩子小学阶段就会谈恋爱,喜欢上班级里的某个同学,或者被班级里的某个同学喜欢,这对于他们而言都是非常美妙的感受。那么对于父母而言,早恋就不那么美好和令人愉悦了,一旦提起早恋,很多父母都会感到非常紧张,甚至要当机立断终止孩子的早恋倾向。实际上,正如事例中晨晨妈妈所说的,很多孩子自以为是在恋爱,只是相互喜欢而已,因而父母不要对孩子的早恋倾向过于紧张,更不要以压迫和强制给孩子把早恋进行到底的勇气和力量。如果父母能够调整好心态，也恰当的态度对待孩子早恋，甚至给予孩子一定的空间和自由去选择如何对待早恋，那么也许孩子会有更明智的表现。

不虚荣，不攀比，孩子更从容快乐

在成人的世界里，很多人都把面子问题看得非常重要，甚至有些人为了面子不要里子，为了满足自己可笑的虚荣心，宁愿做出巨大的牺牲。不得不说，这种观念和做法完全是错误的，因为每个人都是自己生命的主宰，每个人都只对自己的人生负责，又何必为了得到他人的认可，在与他人的攀比中获胜，就盲目地改变自己生命的节奏，也忘却初心呢？不仅成人有虚荣心，孩子也有虚荣心，当孩子被虚荣心捆绑，他们就会陷入无尽的苦恼之中，导致自己非常被动。也可以说，虚荣心是孩子心中的魔咒，让孩子远离快乐，烦恼倍增。

其实，适度的攀比对于孩子的成长并没有坏处，因为孩子会在与他人的攀比中激发自己的力量，让自己努力做得更好，从而在与他人的比较中获胜。然而，如果攀比心过重，导致孩子陷入无休止的虚荣之中，那么攀比就会扰乱孩子的心智，让孩子在成长之中陷入被动的状态。因为孩子的心智原本就不成熟，所以很多孩子还会因为爱慕虚荣而做出冲动的举动，使自己后悔莫及。要想让孩子拥有简单的快乐，父母在教养孩子的过程中就要着重引导孩子拥有健康积极的心态，也要告诉孩子面子没有那么重要。尤其需要注意的是，很多父母的攀比意识也很强，那么就要注意避免在孩子面前表现出来，否则就会对孩子起到误导的作用，对孩子的成长起到负面影响。

杨浩读初中了，非常爱慕虚荣，小小年纪就开始浓妆艳抹，只看着她的那张脸，就知道她的学习成绩一定不好。因为大多数爱学习的孩子都在忙着学习，哪里有时间打扮自己呢？因为父母不在身边，杨浩从小是跟着爷爷奶奶长大的，这也让杨浩感情冷漠，不但对父母没感情，对身边的人也总是各种看不顺眼，各种疏离，各种挑剔。

有一段时间，杨浩发现班级里好几个同学都有手机，因而也打电话和远在千里之外的爸爸妈妈商量，说自己想要一部手机。妈妈当即表示拒绝："你在学校里上学，周末直接回家，要手机做什么？"被拒绝之后，杨浩消停了一段时间，然而班级里有手机的同学越来越多，为此杨浩不得不再次硬着头皮和妈妈要手机。妈妈拗不过杨浩，又觉得自己一直不在家，从未陪伴在孩子身边，所以心中一软，就买了一个几百元的手机给杨浩寄回家，还告诉杨浩只能作为方便联系使用。拿到手机之后，杨浩很生气，当即就打电话质问妈妈："妈妈，你给我买的是什么手机，这是老人机吧，看起来这么丑。"妈妈说："杨浩，手机就是接打电话用的，你还是个学生，也不能用手机上网，否则会影响学习。"杨浩委屈地哭起来，说："那我也不要用这个破手机，拿出去简直丢人。你还是留着自己用吧。"这次手机事件，让妈妈意识到杨浩很爱攀比。

有一段时间，妈妈觉得身体不舒服，所以从工厂里回到家里，看病养病。有一次，杨浩的学校临时决定周六要补课一天，恰巧杨浩带的换洗衣服不够，妈妈就去给杨浩送衣服。接到妈妈的电话，杨浩急急忙忙赶到校门口，一把把妈妈拉到学校旁边的小巷子里，对妈妈说："妈妈,你下次再来学校就在这里等我,不要去学校里,也不要走到学校门口。"妈妈很纳闷,问杨浩:"你们学校不让家长进吗?"杨浩嗫嚅着说:"不是的,给进,但是同学们的爸爸妈妈都是开车来接他们,你这么寒酸,我不想让他们看到你。"听了杨浩的话,妈妈伤心极了,说:"杨浩,要不是为了养活你们姐弟,我也不至于这么节省,这么寒酸吧。人家都是子不嫌母丑,狗不嫌家贫,你现在居然开始嫌弃我了。有一天走在大街上遇到我,你是不是还要装作不认识啊!"妈妈流着泪离开了,杨浩心里也很难受。

在这个事例中,因为父母没有陪伴在孩子身边,更没有关注到孩子的身心健康成长,导致杨浩的各种观念都出现了偏差。很多留守儿童都存在感情冷漠的问题,与此同时,他们身上的其他问题也频繁发生。在这种情况下,父母不要抱怨孩子不懂事,而要更多地陪伴和引导孩子。教育孩子绝不是简单地说几句话就能实现的,作为父母一定要有耐心,要用心地引导孩子,让孩子的内心更充实。这样才能帮助孩子拒绝虚荣,也引导孩子健康快乐地成长。

通常情况下,爱慕虚荣、爱攀比的孩子,还会喜欢撒谎,因为他们为了获得成就感,当不能以实力为自己赢得竞争的时候,就会情不自禁采取撒谎的方式让自己获得优势。此外,他们还会弄虚作假,例如有些爱虚荣的孩子,会在考试过程中作弊,虚假地提升自己的成绩,从而让自己获得所谓的优势。作为父母,一定要给孩子树立积极的榜样,引导孩子实事求是,求真务实,从而帮助孩子形成良好的行为习惯,给予孩子更加强大的精神力量。真实、真诚,是做人做事最基本的条件,孩子唯有树立稳定的根基,才能成长为参天大树,才能让自己变成栋梁之才。

坚决拒绝孩子的任性妄为

如今，大多数孩子都是家里的小皇帝、小公主，他们从小就习惯了成为家里的中心所在，恨不得让月亮也围着他转呢！在这种情况下，孩子任性妄为的行为也越来越严重，再加上很多父母觉得家里只有一个孩子，便把家里的所有资源都给孩子享用，因而孩子越来越骄纵。前文说过，父母的溺爱是对孩子最大的害，作为父母，当发现孩子提出无理的要求时，一定不要因为要求小，很容易实现，就轻而易举满足孩子的要求。孩子的欲望也像人的胃口一样，每顿饭都多吃一点点，渐渐地胃口会越来越大，孩子的欲望也会越来越强。长此以往，等到孩子陷入欲望的深渊无法自拔，父母再想管孩子，也就难上加难。

理智的父母不会因为孩子的无理要求很小，就妥协；也不会因为孩子的合理要求难以实现，就拒绝。父母对待孩子的态度应该是尊重、理解、平等，而不是把孩子当成自己的私有品，对于孩子的很多要求都凭着自己的心情，毫无原则地或者答应孩子，或者拒绝孩子。如果父母表现得反复无常，孩子就会觉得很困惑，也根本不知道自己在父母心目中的地位是怎样的，更不知道自己的下一个要求会得到父母的允诺还是拒绝。长此以往，孩子必然感到很困惑，也就无法健康快乐地成长。

周末，甜甜家里来客人了。来的是可乐一家。可乐只比甜甜小一个多月，和甜甜是好朋友，每次见到可乐，和可乐在一起玩耍，甜甜都觉得很开心。而且，等到可乐离开的时候，甜甜又会惦记和牵挂可乐，还常常问妈妈："我们家可乐呢？"听到甜甜这样的问话，妈妈觉得很好笑，还会调侃甜甜："你们家可乐啊，也许过段时间就能再见了吧！"

第 07 章
关注孩子的心理需求，帮助孩子进行心理修正

这次，可乐来做客，甜甜高兴极了。然而，在吃饭的时候，可乐都已经坐到餐桌旁了，甜甜却打开电视机，要坐到电视机前面边看电视边吃饭。以前，甜甜也会有这样的要求，但都被妈妈严词拒绝了。善于察言观色的甜甜，这次一定是看到家里来了客人，妈妈也拿她没办法，所以才会又提出这样过分的要求。虽然有客人在，但是妈妈很清楚，如果这次对甜甜妥协，以后甜甜还会变本加厉。此外，如果甜甜坐在电视机前吃饭，可乐也会模仿甜甜，根本无心坐在餐桌旁吃饭。思来想去，妈妈决定改正甜甜任性的坏习惯。妈妈通知甜甜："甜甜，给你一分钟的时间，把电视关掉，乖乖地来餐桌旁吃饭。如果一分钟之内你不能主动关掉电视，妈妈就会去关电视，那么你就没有机会主动关电视了。"听了妈妈的话，甜甜很懊恼："妈妈，你为什么要这么做？你是个臭屁妈妈。"妈妈知道甜甜正处于诅咒敏感期，因而对于甜甜说出的脏话充耳不闻，而是对甜甜说："甜甜，你必须关掉电视，这件事情必须这么做，不能改变。"看到妈妈态度坚决，甜甜的态度也有了改变。她没有继续任性，而是极不情愿地坐到可乐的身边开始吃饭。对于甜甜的表现，妈妈很满意，因而表扬甜甜："甜甜很棒，知道吃饭不能看电视，也愿意和可乐妹妹坐在一起吃饭。甜甜，你给可乐妹妹夹菜好不好？这是你最爱吃的虾仁，你要和可乐分享哦！"就这样，甜甜高高兴兴地给可乐夹起虾仁，很快就把刚才的不愉快抛之脑后了。

在这个事例中，妈妈没有过多地对甜甜解释吃饭为什么不能看电视，因为此前妈妈已经告诉过甜甜很多次。又因为有客人在，还担心甜甜对可乐起到负面作用，所以妈妈第一时间就采取速战速决的方法，直截了当通知甜甜要关掉电视。这样毋庸置疑的语气，反而让甜甜意识到

妈妈的态度没有商量，因而乖乖地关掉电视，极不情愿却也很配合地来到餐桌旁吃饭。

如今，大多数孩子都是独生子女，即使有兄弟姐妹，也依然会得到父母无微不至的照顾。父母的疼爱，长辈的溺爱，让孩子越来越任性，越来越骄纵。在这种情况下，孩子的任性变本加厉，很多父母都对孩子的任性无计可施。其实，孩子虽然小，但是很会察言观色，父母只要以坚定不移的态度对待孩子，绝不给孩子任何可以开脱的可能，孩子就会意识到自己的无理要求得不到满足，就会更加理智。

当然，每个孩子都是这个世界上独一无二的生命个体，他们有自己的个性特点，也有自己的行事作风。父母要想以合理的方式对待孩子，就要深入了解孩子的脾气秉性和为人处世的作风，更要洞察孩子深层次的心理状态，这样才能做到有的放矢，对孩子的引导和教育也能事半功倍。

如果批评、引导和教育对于孩子都不管用，父母还可以尝试着让孩子多多参加集体活动。在集体活动中，孩子会意识到自己是集体的一员，做任何事情都不能任意妄为，而要考虑到集体的要求，也要尽量符合大多数人的行为标准。渐渐地，孩子就不会误以为自己是宇宙的中心，要求整个宇宙都围绕着他转动。总而言之，孩子的任性都是从小被父母骄纵出来的，作为父母，一定不要对孩子前松后紧，这会让孩子感到很难以接受。明智的父母会从小就严格约束和教育孩子，并且在适当的时候放松对孩子的要求，让孩子感受到片刻轻松。这样一来，父母才能达到对孩子宽严适度的目的，既在孩子面前树立威信，也能够赢得孩子的信任，从而与孩子之间建立良好的亲子关系。

第 08 章

时刻谨记以身作则,父母的行为是孩子最好的榜样

  每个有孩子的家庭,都在为孩子的教育问题而担忧,实际上,问题的根源就是这些活泼可爱的孩子。作为父母,在解决孩子的问题时,一定不要把孩子放在自己的对立面,而要意识到唯有父母以身作则,成为孩子的榜样,才能真正给予孩子最好的教育。

在孩子面前，父母一定要诚实

很久以前，有个孩子去山上放羊。他看着羊群吃草，突然觉得很无聊，因而喊道："狼来了，狼来了！"正在地里干活的人们听到他的喊声，赶紧扛起锄头朝着他所在的地方跑去。然而，当人们跑过去时，才看到他正嘻嘻笑着呢，根本不见狼的踪影。人们很生气，质问孩子："你为什么要撒谎？"等到人们回去干活，孩子突发奇想："如果我再喊狼来了，他们还会来救我吗？"想到这里，孩子又开始声嘶力竭地呼唤："狼来了，狼来了！救命啊！"人们想到这次也许真的是狼来了，为此再次扛起锄头跑到孩子所在的地方。然而，根本没有狼。这次，人们更加生气，一言不发地离开。孩子觉得很得意，然而，他才得意了没多会儿，就发现狼真的来了。他不顾一切地喊着："狼来了，狼来了！"可惜，这次人们都认定他是在撒谎，因而再也没有人赶来救他了。就这样，孩子被狼叼走了。

很多人都曾经听说过《狼来了》的故事，也知道撒谎会失去别人信任的道理，但是现实生活中，他们每天撒谎若干次，有的时候是无意间撒谎，有的时候是故意撒谎。不管撒谎的动机如何，人们都生活在谎言里。很多父母都为了孩子撒谎的问题头疼不已、束手无策，却从未发现正是自己给孩子做出了错误的引导。

一天，爸爸妈妈都在家里休息，突然间电话铃声响起。爸爸如同屁股上安了弹簧一样从座位上一跃而起，然而，他走到电话机前又停下来。在示意豆豆去接电话的时候，爸爸对豆豆说："豆豆，如果打电话来的人是找我的，你就说我不在家，出门了，而且没带手机。"尽管豆豆很疑惑爸爸为什么这么说，但还是按照爸爸说的去做了。

挂断电话之后，豆豆不解地问爸爸："爸爸，你为什么要说自己不在家呢？"爸爸说："今天是周末，打电话来找爸爸的人，一定是想让爸爸去加班的，或者问爸爸工作上的事情。爸爸累了，不想加班，也不想多费唇舌给人解释工作上的事情，所以才会让你这么说的。"豆豆还是不理解："但是，撒谎是不好的呀！"爸爸说："的确，撒谎不好。不过，有的时候我们必须撒谎，这样才能让自己清净一些。这样善意的谎言并没有给别人带来坏的影响，也算是没有那么恶劣。"豆豆若有所思。

几天之后，豆豆期中考试的成绩出来了，考得很不理想。为此，豆豆把试卷藏了起来，自己偷偷地在试卷上签字。过了好几天，妈妈才在家长会上知道成绩，因为豆豆的谎言，妈妈非常生气，狠狠地训斥豆豆。不想，豆豆却说："妈妈，我这是善意的谎言，还能避免你生气呢！我是为了你好。"豆豆的话让妈妈啼笑皆非："善意的谎言就不是谎言吗？我有权利知道真相，再说，是谁告诉你还有善意的谎言？我告诉你，不管是善意的还是恶意的，谎言都不能被容忍和接受。"在妈妈声色俱厉的批评下，豆豆惭愧地低下头，嗫嚅着说："上次，爸爸就说了善意的谎言啊！"听到豆豆这么说，在一旁的爸爸也羞愧地低下了头。

很多父母无意中都会在孩子面前撒谎，有的时候，他们根本意识不到自己的谎言将会给孩子带来多么恶劣的影响。实际上，正如妈妈所说的，不管是善意的谎言还是恶意的谎言，都是在隐瞒事实，都会给他人带来恶劣的影响。所以不管在什么情况下，孩子们都是不应该撒谎的。从这个角度而言，父母要想根治孩子撒谎的问题，除了要让孩子认识到撒谎的负面作用和影响之外，还要为孩子树立良好的榜样，给予孩子积极正向的指导，从而才能避免孩子在成长的过程中受到误导，觉得撒谎是没什么大碍的。

父母是孩子的第一任老师，孩子是父母的镜子。从孩子身上，很多父母都可以看到自己的影子，所以在孩子出现问题的时候，父母先不要急于责怪孩子，而是要弄清楚孩子为何会做出如此的表现。然后，父母还要反思自己，弄清楚自己的教养方式给孩子带来了怎样的负面影响。孩子正处于人生中各种观念形成的关键时期，而且具有很强的模仿性，所以父母一定要作为孩子最好的榜样出现，在家庭教育中起到积极的作用，而不要总是对孩子产生负面作用。有的时候，父母哪怕是无心的言行举止，也会被孩子记住，甚至被孩子模仿，等到发现孩子出现异样的言行举止时，父母再想纠正孩子，就已经为时晚矣。总而言之，作为父母，在孩子面前一定要谨言慎行，而不要总是肆意妄为。唯有自律的父母，才能教养出言行得体的孩子。

不要以工作忙为借口忽视孩子

现在社会，生存的压力越来越大，作为父母，不但要兼顾家庭，还要做好工作，此外还要处理好更多复杂的关系。在这种情况下，父母的压力也是非常之大的。然而，每个孩子在成长的过程中都会遇到各种各样的问题，产生各种各样的困惑。在这种情况下，如果父母总是忙于工作，而忽略了对孩子的管教，就会给孩子的成长带来更多的障碍。父母一定要关注孩子，不要总是因为工作忙就忽略了对孩子的教育，否则当孩子的教育问题日益严重，父母哪怕放下所有的工作来管教孩子，也未必能够起到良好的效果。所谓防患于未然，说的就是这个道理。从另一个角度来看，父母本身也有义务陪伴孩子成长，这对于孩子是至关重要的，也能够给予孩子最大的扶持和帮助。

每当提起孩子的教育问题，很多父母都会感到困惑，因为他们不知道如何协调好工作和家庭的平衡，也不知道怎样才能在忙碌工作之余兼顾孩子的教育问题。实际上，这样的父母并非不能做到一边工作一边教育孩子，照顾好家庭，而只是因为他们没有端正态度，没有意识到教育孩子的重要性。不得不说，现代社会很多人整日忙碌，却无法认清楚工作和生活之间的关系。他们把工作和生活本末倒置，觉得工作是生活的一切。事实并非如此。工作只是生活的手段之一，是人们为了获得更好的生活采取的方式。偏偏很多人都彻底想错，觉得工作的目的就是努力工作，努力赚钱。试问，如果为了工作而放弃生活，导致生活如同一团乱麻般糟糕，那么还有什么必要工作呢？从另一个角度而言，唯有协调好工作与生活之间的关系，才是真正成功的人。最重要的是，孩子的成长过程是不可逆的，作为父母，不管以怎样的借口忽略孩子的成长，都是无法挽回和弥补的。

还记得著名歌唱家李双江的儿子吗？因为无知做出恶劣的事情，对于李双江而言，哪怕在事业上再有成就，只怕也无法弥补对儿子人生的亏欠。古人云，子不教，父之过，的确，孩子刚刚降临人世的时候如同一张白纸，如果父母不能对孩子进行负责任的教育和引导，也不能在看到孩子在人生的轨迹上有所偏移的时候及时地把孩子拉回正轨上，则一定会因为孩子的误入歧途感到懊悔。所以明智的父母不会以工作忙为借口放弃对孩子的管教，而是会努力平衡工作与生活的关系，尤其是要把孩子的教育问题作为生活的重中之重，这样才能帮助孩子更好地成长，也才能成为合格且优秀的父母。

一段时间以来，杨浩的爸爸妈妈很少回家。为此，杨浩极为不满，给妈妈打电话，质疑妈妈："你们是不是眼睛里只有钱，不想要我和弟弟了？"妈妈觉得很委屈："杨浩，你怎么能这么说呢？这么多年来，我和爸爸在外面辛苦地打工，不就是为了养活你和弟弟吗？你这么说，太让爸爸妈妈伤心了。"杨浩不以为然："那么，我需要你的时候你在哪里？你以为我只需要你的钱吗？别的孩子都有爸爸妈妈在陪伴，唯独我和弟弟没有，我很可怜，弟弟更可怜。"妈妈努力安抚杨浩，以为已经平复了杨浩的情绪，却没想到更大的问题在等着她。

一天，妈妈正在流水线上工作呢，突然接到老家打来的电话。妈妈心中很紧张，因为除了爷爷奶奶会用家里的座机打电话之外，很少有陌生电话打来。妈妈接通电话，电话里传来老师的声音，妈妈对于这个声音很陌生，是听到老师自我介绍才知道老师身份的。在电话里，老师告诉妈妈："杨浩妈妈，你女儿的问题很严重。她常常夜不归宿。我们推测她有可能在早恋，而且关系可能进展到很深的地步。我之所以给你打这个电话，不是为了向你告状，而是希望你能多关心关心孩子。这个丫头平日里很少说话，表情冷漠，似乎从来不会向人敞开心扉。你作为妈妈，应该还是可以和女儿好好沟通的。"接到老师这个电话，妈妈才意识到问题的严重性，当即放下工作请假回家。但是，看着面前一脸冷漠的女儿，妈妈又感到很胆怯，她不知道如何劝说女儿，甚至没有勇气打破和女儿之间的沉默。许久，杨浩才问："你现在回来做什么？"妈妈嗫嚅着说："我回家来看看你们，爸爸太忙，请不出来假，就我一个人回来。"杨浩还是冷漠地说："没必要，回去吧，我们都不需要你。对了，记得给我留点儿钱，我可能需要去医院堕胎。"听到杨浩的话，妈妈简直如同遭遇晴天霹雳，她懊恼地问杨浩："你说什么，你在说什么呀？"杨浩说："你女儿怀孕了，听清楚了吗？如果不给我钱堕胎，我只能辍学把孩子生下来。"妈妈想发火，但是发布不出来，这么多年来她除了把孩子生下来，给孩子喂奶之外，又何曾关心过孩子呢？别说孩子有意见，连她自己都觉得自己不够格当妈妈。妈妈不停地流泪，延迟了回去工作的时间，带着杨浩堕胎，照顾杨浩恢复身体。再次离开的时候，妈妈才感觉到彻骨之痛。回到工厂里没多久，妈妈就说服爸爸双双辞掉工作，回到孩子的身边。然而，此时的杨浩心若寒冰，再也不是妈妈回到身边就能解决问题的。妈妈和爸爸为此伤透脑筋，甚至想出要举家搬迁的方法，帮助杨浩彻底摆脱此前的生活。

对于一个妈妈而言，没有什么消息是比听到还未成年的女儿居然怀孕了更加糟糕的消息了。杨浩的妈妈在听到女儿用轻描淡写的语气说自己要去堕胎的时候，内心一定是绝望而又懊悔的。的确，挣多少钱能够弥补父母缺席孩子的成长带来的伤害呢？当很多无知的父母最终意识到孩子的成长出现严重的问题时，想要弥补，往往为时晚矣。所以明智的父母不要总是以工作忙为借口忽略对孩子成长的陪伴，更不要完全忽视对于孩子进行各种教育和引导。孩子的成长不可逆转，当父母缺席孩子的成长，导致孩子品性恶劣，是无论怎么努力，都无法挽回和补救的。

如今，整个社会都越来越浮躁，很多孩子在成长的过程中会受到各种诱惑，导致言行举止都出现偏差。父母要用心陪伴孩子，认真观察孩子，这样才能在孩子刚刚偏离正确的成长轨道时，就给予孩子及时的引导，帮助孩子回到正轨上来。只有如此，孩子才能健康快乐地成长。

酗酒的父母是孩子的噩梦

在这个世界上，不是每个父母都是合格的，只有少数父母能够成为优秀的父母，为孩子提供健康的成长环境，给孩子的成长保驾护航。对于孩子而言，人生最大的噩梦就是遇到不负责任的父母，被父母残忍地伤害。相比起外界的伤害，父母给孩子带来的伤害往往会导致孩子的生活在噩梦中，甚至在成年之后，孩子也依然身陷噩梦不能自拔，这是因为每个新生命从呱呱坠地开始，就要依赖父母无微不至的照顾才能成长。而等到孩子渐渐地成长，更需要父母在精神和情感上的满足。如果说不能更好地照顾孩子的吃喝拉撒，只是导致孩子的身体发育相对滞后，那么不能满足孩子在精神和情感上的需求，甚至还会因为自我放纵导致伤害孩子的精神和情感，则对于孩子而言是一生之中都无法修复的伤痛。

有些父母有恶习，例如吸毒，抽烟，酗酒，偷窃，嫖娼等，在这些恶习中，虽然吸毒、偷窃等触犯法律的恶习后果更加严重，抽烟、酗酒看起来并不会导致恶劣的后果，实际上，这些在日常生活中更为常见的恶习，也给无数孩子带来了童年的噩梦。抽烟会导致孩子受到二手烟的伤害，给孩子的身体带来不可逆转的损伤，当然，这种损伤也是慢性的，不会马上显现出来。与抽烟相比，酗酒更是孩子的噩梦。这是因为父母之中有任何一方酗酒，都会导致在酒精中毒的状态下神志不清醒，在家里又打又砸，甚至还会对孩子进行打骂。酗酒的人是整个家庭的噩梦，会让所有的家庭成员失去生活的信心。所以可以想象，在酗酒的家庭里，孩子如何能够有信心和意志生活下去，父母别说是照顾孩子成长，给予孩子积极的力量了，只怕会让孩子心灰意冷，甚至彻底绝望，做出残害身体、伤及性命的事情。作为酗酒的父母，永远也不会知道自己为了一时的痛快，给孩子的内心造成了终生难以愈合的伤害。

如今，晶晶已经三十多岁了，但还会时常从睡梦中惊醒。让她从噩梦的极度恐惧中醒来的，是她如同魔鬼一般的父亲。那是一个夏天的夜晚，闪电和雷声交接而来，暴雨如注，她只记得爸爸把枕巾点燃了，妈妈情急之下把枕巾扔到床前的尿盆里浸湿。当时已经五岁的晶晶清楚地记得，全家就住在爸爸单位分配的一间小平房里，地方很狭窄局促，她和爸爸妈妈睡在一张床上。看到着火了，晶晶本能地想往外跑，但是妈妈怕邻居知道了丢人，也因为天色已经很晚了，还下着雨，所以妈妈禁止晶晶往外跑。

原本晶晶是很怕黑的，极度的恐惧让她宁愿跑到黑暗之中，也不愿意留在家里。爸爸再次点燃枕巾，趁着妈妈和爸爸扭打的时间，晶晶打开房门的门栓，就那样浑身赤裸着跑了出去。因为恐惧，她那么迫切地想要离开那个地狱一般的家，甚至连鞋子都没有穿。通往邻居家的路那么漫长，中间隔着好几间房子呢，小路的两边是长势茂盛的菜地。晶晶撒开脚丫子跑到邻居家里，浑身都被雨水湿透，她又害怕又冷，浑身颤抖着，牙齿不停地碰撞着。邻居阿姨赶紧找出一个浴巾把晶晶包裹起来，过了片刻，妈妈才得以脱身，来邻居家里寻找晶晶。妈妈没有把晶晶带回去，只是带来了晶晶的衣服，对邻居阿姨说："神经病又喝醉了。让晶晶先在你家待一会儿，我等神经病睡熟了，就来接她。"妈妈所说的神经病就是爸爸，虽然爸爸不醉酒的情况下是一个正常人，但是一旦喝醉了酒，就比魔鬼更加可怕。此后的二十几年时间里，晶晶心中始终笼罩着阴影，因为酗酒的爸爸让她觉得非常绝望，甚至恨不得结束自己的生命。直到晶晶长大成人之后找到了自己的所爱，得到了爱人的庇护，她才渐渐恢复对生活的信心，也得到了二十几年来梦寐以求的安全感。

在这个事例中，作为一个年幼的小女孩，无数次目睹爸爸发酒疯，如同神经病一样做出歇斯底里的事情，可想而知，她内心的创伤有多么严重。在毫无安全感的成长氛围中，在一次又一次的绝望之中，她带着忐忑不安的心长大，完全不知道自己应该何去何从。幸好，老天爷没有继续亏待晶晶，让晶晶在因为爸爸酗酒而饱经磨难之后，遇到了一个真心疼爱她的人，也是一个从来不喝酒更不酗酒的人。这样晶晶才得到了补偿，也才能够在命运的河流中经过起起伏伏之后，进入平缓的流域，安心地享受未来的人生。

作为父母，一定要有责任心，不能为了自己一时的痛快，就把自己的快乐建立在孩子的痛苦之上。事例中的晶晶虽然找到了人生所爱，也有了自己温暖幸福的家，但是她在睡梦中依然会惊醒，就意味着她心底的创伤从未真正修复过。也许这个噩梦会伴随晶晶的一生，晶晶是不幸的，因为她的整个童年和少年时代，都在爸爸酗酒的阴影中度过。晶晶也是幸运的，她尽管无数次绝望，还是坚强地面对人生，她的性格不曾扭曲，所以才配得上拥有幸福的婚姻生活。有很多孩子意志力薄弱，在父母酗酒的状态下，很容易就会误入歧途，甚至做出自暴自弃、自我放逐的事情。这样一来，他们的人生就彻底被父母毁灭，也会变成一个真正的悲剧。作为父母，如果你们也喜欢酗酒，那么从现在开始就为了孩子戒掉酒瘾吧，你们要知道，父母给孩子生命，不是为了折磨孩子半生甚至一辈子的。父母要对孩子承担起应负的责任，家可以穷，也可以破败，但是至少要给孩子安身立命之所，要给孩子安全感。否则，这样的家对于孩子而言还有什么意义呢？

管孩子的时候要控制好情绪

如今，大多数人都承受着巨大的生存压力，尤其是作为父母，不但要照顾好家庭，负责孩子的饮食起居和学习，还要在外面辛苦地工作，承受工作上重要而又艰巨的任务，有的时候工作上出现失误，被上司狠狠地批评一顿也是家常便饭，所以可想而知父母的压力有多大，肩膀上的担子有多重。在这种情况下，如果孩子故意调皮捣蛋，或者在学习上出现很多问题，父母未免会有些搂不住火，狠狠地教训孩子。有些父母如果恰逢在工作上受气，回到家里又被孩子们气得半死，更会把怒气发泄在孩子身上，导致亲子关系恶劣。

实际上，问题的根源在父母身上，而不在孩子身上。作为孩子，在学习上不能尽如人意是正常的，因为不是每个孩子都是天才和神童，也不是每个孩子都能在学习上出类拔萃。除了学习方面，孩子在言行举止方面也会出现各种各样的问题，这是因为孩子正处于成长的关键时期，常常会因为心智不成熟而做错事情，作为父母，就是要成为孩子的监护人，不但照顾孩子的饮食起居，也始终全心全意陪伴孩子成长，在孩子出现各种偏差和问题的时候，给予孩子及时的引导和纠正。既然这些都是父母的本职，也是父母对孩子的义务和责任，父母当然不能对孩子发泄怒气，而要心平气和地去做。

孩子虽然小，也有感知情绪的能力。当父母总是把情绪发泄在孩子身上，孩子必然会感到非常苦恼，也会因为父母不能理解他们，而与父母日渐疏远。因而真正合格的父母首先能够在孩子面前控制自己的情绪，其次也不会把自己的所有忧愁烦恼都归咎于孩子身上，而是要积极乐观地面对各种问题，这样才能给孩子树立好榜样。

一天，妈妈在单位里因为某一项工作没有做好，被老板狠狠批评了一顿。为此，妈妈感到很懊恼，回家的路上又看到老师在QQ群里点名批评乐乐，为此更加一头火气。回到家里，妈妈发现乐乐没有在写作业，而是在看电视，不由得情绪爆发，歇斯底里地喊道："几点了？几点了！你作业写完了吗？又在看电视！我告诉你，以后回家之后不许看电视，不管作业写没写完，都必须给我远离电视。只有周五晚上、周六晚上和周六日的白天，你如果作业完成，才能抽出一小段时间来看电视，听明白了吗！"妈妈的话如同连珠炮一样射向乐乐，让乐乐无法招架。直到妈妈说完这番话，乐乐才委屈地说："我昨天的作业忘记写了，所以我今天在学校里利用自习课的时间写了很多作业，回家大概一个小时，就把作业写完了。"说完，乐乐就擦了擦眼泪，关掉电视去自己的房间里了。

听到乐乐这么说，妈妈觉得很内疚，毕竟她先入为主，以为乐乐在看电视就一定没写完作业，所以对着乐乐大发雷霆。妈妈一个人留在客厅里，感到非常懊丧，因为她不问青红皂白就狠狠地批评了乐乐一通。为此，她决定向乐乐道歉。她敲开乐乐的门，对乐乐说："对不起，乐乐，妈妈刚才情绪太激动了，是因为我今天工作上出了点儿问题，被老板批评了一通。再加上在路上的时候，又看到你们老师在群里点名批评昨天没有完成作业的同学，所以妈妈一看到你在看电视，就搂不住火了。妈妈保证，以后再也不随便对你发脾气，好不好？"乐乐本来还能控制住委屈，一听到妈妈居然道歉了，便委屈地号啕大哭起来。妈妈抚摸着乐乐的脑袋，说："不过，妈妈刚才说的规定还是有效的，以后在学习日都不能看电视，除非周末休息的时候，在完成作业的情况下，才能看电视，好不好？不然这样被老师点名批评，多丢人啊！"乐乐点点头，说："妈妈，放心吧。我昨天是因为忘记一项作业，不过我今天准备了一个本子，专门记作业用的，就不会忘记了。"就这样，母子俩重归于好，乐乐意识到妈妈的辛苦，也乖巧很多。

在这个事例中，妈妈无疑是把情绪发泄到乐乐身上，所以才会对乐乐歇斯底里。幸好妈妈能够及时反省，没给乐乐带来更深的伤害。如果妈妈在犯错之后依然执迷不悟，不愿意向乐乐道歉，则一定会影响亲子关系，也导致亲子感情受到伤害。

作为父母，承担着巨大的压力是必然的，尤其是在工作心力交瘁，而孩子又状况百出的时候，父母更是容易陷入冲动的情绪之中，无法自拔。实际上，对于父母而言，工作是生活的重要组成部分，孩子更是生活中不可或缺的一部分。在生养孩子之前，父母就要知道养育孩子的过程中也许会遇到很多问题，更要有充分的准备，才能承担起父母的责任和义务。养育孩子从来不是一件简单的事情，每一个父母都要有足够的爱与耐心，更要有顽强的毅力，才能陪伴着孩子在人生的道路上不断前行，最终奔向美好的未来。

孩子的第一次要求非常重要

现代社会，随着经济的发展，物质生活的水平越来越高，很多父母都愿意给孩子花更多的钱，甚至对于孩子的要求来者不拒，只要在能力范围内的统统都实现，即使是超出能力范围的，也会拼尽全力去实现。不得不说，无限度地满足孩子的需求尽管可以表现父母对孩子的爱，但是这样的爱对于孩子的成长却没有任何好处。作为父母一定要意识到，必须慎重对待孩子的第一次要求，才能给孩子树立提要求的规矩，也才能在未来与孩子相处的过程中，适度地满足孩子的需求，而避免孩子形成整个世界都围绕着自己转的错误思想。

很多父母不懂得拒绝孩子，尤其是在只有一个孩子的情况下，他们更是觉得自己的一切都是孩子的，早一点儿给孩子，满足孩子的需求，让孩子更开心，岂不是更好吗？殊不知，心理学上有一个叫作"延迟满足"的心理实验。在实验的过程中，实验者把很多孩子集中在一个大教室中，然后分给每个孩子一颗糖果。对于年幼的孩子而言，糖果的吸引力是很大的，为此实验者要求孩子："我现在需要离开十几分钟，你们可以选择现在就吃掉糖果，也可以选择等我回来之后再吃掉糖果。如果能等我回来再吃掉糖果，我就会再奖励给你们一颗糖果，这样你们就有两颗糖果可以吃了。"说完这番话，实验者就离开了教室，只剩下孩子们大眼瞪小眼地看着彼此。有的孩子在实验者刚刚离开之后就吃掉糖果，有的孩子为了抵御糖果的诱惑，想出各种办法来抗拒糖果，例如他们闭上眼睛假装睡觉，或者朝着糖果吐口水，暗示自己糖果是这个世界上最难吃的东西。在这些孩子之中，有的孩子坚持到最后，一直等到实验者回来才吃糖果，而有的孩子则无法战胜糖果的诱惑，在坚持了一会儿之后，还是把糖果吃掉了。后来，实验者针对这些孩子进行追踪调查，发现能够延迟满足自己的孩子，不管是在学习方面，还是在走上工作岗位后，都出类拔萃，表现优异。这就说明当孩子能够控制自己的欲望，他们必然会取得更好的发展和成就。

因而作为父母，在面对孩子的第一次请求时，也要慎重对待，而不要觉得自己钱包里有钱就可以掏出来给孩子买喜欢的东西，也不要觉得自己家财万贯就可以给孩子尽情挥霍。对于孩子而言，必须拥有自控力，能够更加积极努力地面对人生，才会在各个方面都有更好的发展。

一个周末，妈妈和彤彤一起去商场里，为彤彤挑选生日礼物。看到很多好玩的东西，彤彤的眼睛都亮了。他指着一个轨道汽车，当即对妈妈提出："妈妈,我要买这个汽车。"妈妈不假思索地答应彤彤："好的,咱们就买这个轨道汽车。"看到妈妈丝毫没有迟疑,已经学会察言观色的彤彤当即又指着一个变形金刚对妈妈说:"妈妈,我还想要这个变形金刚。"妈妈有些迟疑,说:"你已经选择轨道汽车了呀!"彤彤撒娇地说:"但是,妈妈,轨道汽车是轨道汽车,变形金刚是变形金刚,我还想要这个变形金刚!"看到彤彤撒娇的样子,妈妈的心融化了,心想:孩子平日里也不会总是要礼物,要不就趁着过生日的机会,再多给孩子买个玩具吧!就这样,妈妈又答应了彤彤的请求,给彤彤又买了一个变形金刚。

原本,妈妈以为彤彤得到这两个生日礼物一定会感到满足,没想到彤彤居然又指着一整套的超级飞侠玩具,对妈妈说:"妈妈,我还要这个!"妈妈当即拒绝:"不可以,你已经买了两个玩具,不能再买了!"出乎妈妈的预料,彤彤突然哭起来。这一整套的超级飞侠玩具就要五六百呢,妈妈说什么也不能同意。在妈妈的明令禁止之下,彤彤丝毫没有收敛,而是索性坐到地上哭起来。妈妈觉得很无奈,当即吓唬彤彤:"你要是这样不讲道理,我就把前面两个玩具也取消,都不买了。"这样的恐吓对彤彤丝毫没有作用,最终彤彤躺在地上开始打滚,妈妈看到围观的人越来越多,只好在妥协之后买下三个玩具,然后拉住彤彤的手一溜烟儿地回家了,生怕彤彤在看到更多的玩具之后还要买。

在这个事例中,彤彤的欲望为何会越来越强烈呢?其实,与妈妈对待他提出的第一次要求有密切的关系。当彤彤第一次提出要购买轨道车的时候,妈妈几乎不假思索就答应了彤彤的请求。这让彤彤觉得妈妈是很好说话的,而且也对于再次索要玩具心中有底。如果妈妈不那么痛快地答应彤彤的请求，而是告诉彤彤："彤彤，你只能买一个玩具哦，所以你要想好了，到底是要这个玩具，还是再认真地看看，是否选择其他的玩具。这样，你就不会在买了这个玩具之后，又觉得其他玩具很好，因而感到后悔。"这样把丑话说在前头，让彤彤能够用心思考自己到底要选择哪个玩具，彤彤就能学会对自己的选择负责，也就不会发生后面的事情。

作为父母，当看到孩子提出要求的时候，一定要慎重对待，而不要总是觉得自己有钱，可以满足孩子的要求，就过于轻易地答应孩子的要求。要知道，孩子是很有眼力见的，也很会察言观色，当发现父母很好说话，他们的要求和欲望也会水涨船高，等到这时父母再拒绝孩子，就为时晚矣。当父母学会对孩子把丑话说在前面，就能有效控制孩子的欲望，也能更好地处理好与孩子之间的关系。

第 09 章

孩子身上的常见问题，要用对症的方法来解决

在孩子的成长过程中，总会遇到各种各样的问题，对于这些问题，很多父母会抓狂，而如果能够提前了解孩子各种问题背后深层次的心理原因，则父母就可以做到有的放矢，对症下药。这样一来，父母就会胸有成竹，而不会因为各种问题对孩子产生误解，也有助于建立良好的亲子关系，增进亲子之间的深厚感情。

尊重孩子，能有效缓解孩子的叛逆

当孩子还是婴儿的时候，他们对于父母百依百顺，总是愿意依赖父母而生存，也任由父母安排。在这个阶段，父母尽管因为要照顾孩子的吃喝拉撒而感到很累，但是却非常安心踏实，他们知道孩子就在那里，等着他们去给吃给喝，还常常对他们露出笑容。而随着渐渐长大，孩子的自我意识越来越强，在这种情况下，孩子的独立意识渐渐觉醒。从心理学的角度而言，孩子在两三岁的时候，就进入人生的第一个叛逆期。面对这个小小的但却不愿意听从指挥的孩子，父母往往感到抓狂。尤其是两三岁的孩子初生牛犊不怕虎，越是父母不让他们做什么，他们越是无所畏惧、勇往直前，为此父母只好提心吊胆地保护孩子，也在此过程中感受到教养孩子的难度越来越大。

此后，孩子在七八岁前后还会经历第二个叛逆期。在这个叛逆期里，孩子最明显的表现就是渴望独立。在此期间，父母会惊讶地发现，原本最喜欢当父母小尾巴的孩子，如今却不愿意和父母在一起，也不愿意和父母同时展开行动了。例如他们更喜欢独立上学和放学，也希望自己有权利独立去看电影。父母当然不放心，因为在他们心中孩子还很小，怎么能独立面对这个纷繁复杂的世界呢，由此孩子也会和父母产生各种争执。

第二个叛逆期过后，孩子就进入了第三个叛逆期。第三个叛逆期是最让父母抓狂的，因为第三个叛逆期也同时伴随着孩子的青春期。青春期的孩子已经步入少年时代，在12岁到18岁之间，他们自以为已经长大，实际上心智还不够成熟，因而在处理很多事情的时候都会犯自以为是的错误。在此期间，他们的自尊心非常强烈，感情也很敏感，因而父母一句话说不好，就有可能引起他们的反感。在这种情况下，父母一定要调整好心态，才能最大限度改变困境，真正做到尊重和平等对待孩子，才能赢得孩子的尊重和信赖。否则，如果父母对待孩子的心态不好，孩子又如何能够给予父母好的对待呢？

尤其是对于孩子的叛逆，不管孩子处于哪个叛逆期，父母都要尊重孩子，才能化解孩子的叛逆。特别是在第三个叛逆期，青春期的孩子原本就渴望尊重，父母更加尊重孩子，才能最大限度化解孩子的叛逆，建立起良好的亲子关系，让自己与孩子之间更加顺畅沟通，相互尊重。

甜甜四岁半了，还处于人生中的第一个叛逆期。她凡事都想自己干，能自己干的事情绝不愿意被父母帮忙。有一天，甜甜起床之后正在穿衣服，因为衣服上有很多扣子，甜甜扣得很慢，妈妈看得着急，所以走上前去帮助甜甜扣扣子。不想，当妈妈帮甜甜扣上两粒扣子之后，甜甜却生气地哭起来，边哭边喊："我不要你帮我扣扣子，坏妈妈，谁让你帮我扣扣子的？"妈妈也很委屈："我是好心帮你，你可真是狗咬吕洞宾，不识好人心啊！"甜甜还在哭，一边哭还一边试图解开扣子。妈妈正准备帮着甜甜解开扣子重新扣呢，爸爸当即制止妈妈，问甜甜："甜甜，我帮你把那两粒扣子解开，你再自己扣，好不好？"甜甜把头摇得和拨浪鼓一样："不好，不要！我要自己解开扣子！"

爸爸看着妈妈，对妈妈说："看吧，你差点儿又做错事情了。为了避免好心办坏事，我建议你以后再帮助甜甜做任何事情的时候，一定要先争求甜甜的意见。否则，你即使付出很多，却被甜甜嫌弃，岂不是很尴尬！"妈妈觉得爸爸说得有道理，点点头说："这个小妮子真是越来越有主见了，简直让人抓狂。我以后凡事都要请示汇报才行啊，我觉得自己都成老妈子了。"爸爸笑起来，说："乐观一点儿啊，不是要成老妈子了，是要从老妈子的地位中摆脱出来，成为一个闲人了。看甜甜这么凡事亲力亲为，各个方面的能力一定发展得很快很好，咱们也就可以乐得清闲了。"

很多父母习惯了像孩子小时候一样照顾孩子，当孩子长大了，他们却还停留在孩子还小的思维中。不得不说，这样的父母没有以与时俱进的眼光看待孩子，低估了孩子的能力，所以才会在与孩子的相处中陷入困境。作为父母，要意识到孩子在不断地成长，也要意识到自己能给孩子提供的帮助会越来越少，所以要有意识地培养孩子独立自主的能力，也帮助孩子建立自信。正如细心的父母所发现的，父母越是勤快，孩子越是不能做得更好。父母越是"懒惰"，孩子反而很独立，各个方面的能力都很强。所以聪明的父母即使勤快，在孩子面前也会假装懒惰，这样才能给孩子更多的机会，让孩子努力提升自己各个方面的能力，也让孩子在坚持锻炼中快速成长。

此外，父母还要尊重孩子，了解孩子身心发展的需求。例如，孩子明明想要独立，父母却总是对孩子亦步亦趋，而且总是不顾孩子的内心愿望，就代替孩子做很多事情。当孩子亲自尝试的机会被父母剥夺了，他们怎么能不生气呢？如果父母总是过多干涉孩子，也总是代替孩子做出决定和选择，则孩子就会更加叛逆，甚至故意与父母对着干呢！所以明智的父母知道，唯有给予孩子更多的尊重，孩子才能健康快乐地成长，获得更加自由的空间发挥自己的本能和力量，让自己得以更好的发展。

循序渐进，让孩子养成独立自主的好习惯

如今，很多孩子都是独生子女，他们从一出生就享受到父母所有的爱，也得到爷爷奶奶、姥姥姥爷等长辈无微不至的关怀和照顾。在这样的情况下，孩子会越来越依赖他人。记得前些年，有大学生进入大学的第一天，因为不会铺床，而在铺板上坐了一整夜。也有的大学生从小到大没有见过带壳的鸡蛋，所以看着带壳的鸡蛋根本不知道那是鸡蛋，无从下手。不得不说，之所以出现这样令人啼笑皆非的情况，根源不在于孩子身上，而在于父母身上。是因为父母对孩子的照顾太精细，导致孩子生活无忧，也缺乏生活的技能和技巧。把孩子照顾到这种程度，是父母的成功还是失败呢？如果父母总是溺爱孩子，他们会觉得这是成功，是值得骄傲的，毕竟做父母的很"到位"。如果父母很明智，也希望孩子将来能够独当一面，那么他们会觉得很失败，因为毕竟孩子不可能永远在父母身边，父母再爱孩子，也不可能永远陪伴在孩子身边。所以父母要有意识地培养孩子的独立自主性，提升孩子独立生存的能力，这样孩子在有朝一日不得不离开父母生活时，才会具备生活的基本技能，也能够完全处理好在生活中遇到的很多问题。

真正的人生强者，绝不是高分低能，而是在生活中兵来将挡，水来土掩，能够掌握很多技能的人。父母培养孩子，就要本着这个目标而去，而不要总是误解为把孩子照顾得好，让孩子完全衣食无忧，就是对孩子负责。正如人们常说的，父母的溺爱是对孩子最大的害，父母一定要深刻意识到这个道理，从而才能在与孩子相处时，在陪伴孩子成长的过程中，有意识地提升孩子的能力，帮助孩子更加独立自主。当然，孩子也并非生而就具备独立自主的能力，新生儿呱呱坠地，一定要完全依赖父母的照顾才能生存下来。那么作为父母，在不断抚养孩子成长的过程中，要循序渐进地培养孩子的独立意识，引导孩子独立自主，这样才能让孩子更加健康茁壮地成长。

一天放学后，乐乐按照老师布置的家庭作业，要求为妈妈做饭。对此，妈妈不以为然地说：“你还是别给我添乱了，赶紧一边儿玩去吧。你要是给我做饭，说不定把厨房弄得比爆炸现场还惨呢，我还得收拾，还不如自己做。"不想，乐乐做饭的热情高涨，坚持要为妈妈做饭。妈妈还是拒绝，为此乐乐伤心地说："老师让我们回家做饭，还给我们交代了写作文的任务呢！你却不给我做，那我作业也不写了，你去和老师解释吧。"听到乐乐这么说，妈妈倒是为难了。

这时，在一旁的爸爸说："他想做饭，你就让他做呗。不放心的话，你可以在一旁指导，这样他不就知道怎么做了吗？你不让他做，他怎么能学会做饭，到时候去上大学了，想吃点什么自己都不会做，只能去饭店里吃不可口的。"妈妈觉得爸爸说得也有道理，因而让乐乐先从最简单的清炒土豆丝、炒鸡蛋开始做起。乐乐在妈妈的指导下把一切主料、辅料都准备好之后，开始点火。第一次点火的乐乐明显很紧张，手都有些颤抖了。妈妈鼓励乐乐："加油，其实没什么可怕的，做饭非常简单。"

锅里的油烧热了，乐乐放葱花进去炸锅的时候，不小心带入一滴水，锅里的油马上噼里啪啦炸起来。乐乐吓得赶紧躲得远远的，妈妈告诉乐乐："锅在没有放油之前一定要烧干，否则油里面一旦有水，就会乱飞乱溅。此外，可以提前准备好葱姜蒜，让它们晾干水分，这样就不会导致锅里的油飞溅出来了。"乐乐对妈妈抱拳感谢，说："妈妈，没想到做饭还是这么高危险的事情呢，感谢你这么多年来一直不辞辛苦地做饭，把我养大。"妈妈笑着说："人家都说不养儿不知父母恩，你这是不做饭不知妈妈辛苦啊。等到你长大成人，也有了自己的孩子，你就会知道爸爸妈妈养育你有多么辛苦了。"乐乐第一次炒鸡蛋，把鸡蛋炒糊了，土豆丝则有点儿夹生，还特别咸。即便如此，爸爸妈妈还是津津有味地吃着，爸爸还对乐乐做的饭赞不绝口："到底是儿子做的饭，就是香。儿子，我建议你没事的时候可以多多练习，这样等到你周末休息，我和妈妈加班的时候，你就可以在家里做饭，我和妈妈要下班就能吃到现成的，这感觉简直太美好了。"听到爸爸的调侃，乐乐也忍不住笑起来，说："当然可以。我还要看看菜谱，争取变成咱们家的大厨，把你和妈妈都养得白白胖胖的。"乐乐的话让爸爸妈妈都情不自禁地笑了起来。

在这个事例中，妈妈一开始犯了一个错误，即觉得乐乐不会做饭，也不想让乐乐把厨房弄得乱七八糟，所以很想拒绝乐乐做饭的请求。无奈，乐乐在亲自操练之后还得写一篇作文呢，妈妈总不能让乐乐去抄别人的作文，或者编造作文吧！为此，妈妈对于乐乐做饭的态度变得迟疑。幸好这个时候爸爸力挺乐乐，让乐乐亲自实践。在这种情况下，妈妈充当起乐乐的军师，也全程指导乐乐把饭做好。爸爸说得很有道理，如果一直不让乐乐做饭，不给乐乐机会去亲自尝试，乐乐永远也不会做饭。所谓一回生，二回熟，正是因为有了第一次锻炼的机会，等到第二次做饭的时候，才会在第一次做饭经验的基础上有所改进，也才会把饭做得越来越好。

爸爸妈妈都很聪明，情商很高，对于乐乐辛辛苦苦做出来的饭菜，尽管鸡蛋糊了，土豆丝还夹生，但是爸爸妈妈丝毫没有嫌弃，而是非常配合地津津有味地吃饭，这也极大地鼓舞了乐乐，使得乐乐信心大增，还扬言要变成家里的大厨呢！很多父母在孩子做事情的时候，都对孩子怀有怀疑的态度。殊不知，孩子尽管能力有限，但是总要经过锻炼，才能把每一件事情越做越好。否则总是限制和禁止孩子，孩子根本得不到发展自身能力的机会，自然只会成为什么都不会的低能儿。由此可见，父母要想培养孩子的独立自主性，让孩子摆脱依赖，就要让孩子尝试着吃苦，并且循序渐进地加大对孩子锻炼的难度。当孩子习惯自己的事情自己做后，才能不断提升自身各个方面的能力，从而才可以有的放矢地应对人生，让自己活得更加充实和精彩。

凡事都为孩子代劳的父母，根本无法培养出独立自主的孩子。作为父母，必须要对孩子更加理性，对孩子的爱可以无私，但是不能没有限度，唯有理性、有限度的爱，才能给孩子的成长最好的养料。

父母要知道，每个新生命降临人世都是一张白纸，没有什么技能，那么作为父母，必须意识到每个孩子在成长的过程中都是从不会到会的，前提是父母要给孩子更多锻炼的机会，也要引导孩子进行积极的锻炼。唯有让孩子不断尝试，哪怕失败了也汲取经验继续奋进，孩子才能在成长过程中始终保持进步的姿态，也能让自己得以提升和完善。

孩子粗心，该怎么办

这个世界上到底有没有不粗心的孩子，如果你是父母，你一定会马上回答："也许有，但是绝对不在我家。"如果你是老师，但是从业时间不长，经验不足，你会回答："也许有，但是我还没有遇到。"如果你是教育专家，熟悉儿童心理学，你会回答："根本没有。"的确，这个世界上根本没有不粗心的孩子，在学习和生活之中，每个孩子都会或多或少地犯错，他们粗心的本质不会改变，唯一不同的是粗心的频率。有的孩子相对细心，粗心的次数会少一些；有的孩子天生粗心，是个不折不扣的马大哈，那么他们粗心的次数就会更多。当父母看着孩子因为粗心而惨不忍睹的试卷，简直要用尽洪荒之力才能控制住自己即将喷薄而发的怒火，才能让自己相对平静地面对孩子粗心的错误。

到底要怎么做，才能改变孩子粗心的毛病，纠正孩子粗心的行为呢？无疑，目前全世界都没有卓有成效的好办法解决这个问题，所以每个父母只能根据自己对孩子的了解，针对孩子的实际情况，八仙过海，各显神通，才能循序渐进地改变孩子的粗心行为。

这次期中考试，乐乐的成绩不太理想，此前考试成绩一直徘徊在班级前十名的乐乐，这次的成绩不说是一落千丈，也达到了一落五百丈的程度，变成了班级里的二十五名。对于只有四十二个人的班级而言，这已经是中等偏下的成绩了。妈妈无法忍受乐乐一下子从上等生变成中等生，当看到乐乐的试卷时，更是情不自禁地抓狂。

原来，乐乐之所以丢掉很多分，并不是因为不会做，而是因为粗心。例如语文的基础知识因为不认真审题，导致回答得驴唇不对马嘴，失去很多分；数学的一道大题目，也是因为做题不认真，居然在做题的过程中把数字抄写错误。假如没有粗心的毛病，乐乐的成绩不但能够维持在前十名，甚至还能提升几个名次呢！为此，妈妈对着乐乐怒气冲冲："你怎么回事，难道没有长眼睛吗？这么大的字，为什么就看不清楚？这么明确的数字，为什么做题的时候还能抄错了呢？你能不能瞪大眼睛，我见你每次看到好吃的东西时，都会迫不及待去吃，根本不会错过，为何到了学习上眼力就不行了呢！"在妈妈一连串的质疑中，乐乐有些恼羞成怒，说："我就是粗心，我也改不掉，你说怎么办吧？"妈妈生气地说："粗心没关系，我有办法治理你。如果你眼睛看不清楚题目，那么以后在学习中，做每道题之前先把题目抄写十遍，直到改掉粗心的坏毛病为止。"

事后，妈妈和当老师的同学说起乐乐粗心的事情，同学安慰妈妈："别生气了，迄今为止，我当老师十几年了，就没见过有不粗心的孩子。你呀，还是要了解孩子粗心的原因，才能有效改善孩子粗心的表现。当然，要是彻底制止，几乎不可能，你想想，你在工作中是否也会因为粗心而犯下很多错误呢？"妈妈觉得同学说得很有道理，经过一段时间的观察，发现乐乐之所以粗心，是因为看书的时候养成一目十行的习惯，所以在做题中也是一目十行，根本没有认真看清楚题目里的每个字。为此，妈妈要求乐乐减缓读书的速度，要认真读书，而不要总是看书如同走马观花。经过一段时间的练习之后，乐乐读书的速度有所减慢，果然读题的时候也认真多了。

在同学的提醒下，妈妈有意识地找出乐乐做题目粗心的原因，因而有的放矢调整乐乐读书的速度，这样一来，乐乐在考试过程中能够把题目读清楚，自然也就能有的放矢解题。实际上，乐乐解题的能力没有问题，只因改掉了粗心的毛病，乐乐在学习成绩方面有了很大的进步。

每个孩子的粗心和马虎都是有原因的。例如孩子写作业的时候粗心，往往是因为惦记着写完作业出去玩或者看电视，那么父母就要给孩子完成作业留出足够的时间。再如，如果孩子习惯粗心，总是无法始终保持认真的态度，全神贯注地解决问题，那么父母就要培养孩子的专注力，让孩子养成做事情认真细致的好习惯。总而言之，对于孩子的粗心，父母一味地训斥和严厉地批评是不管用的，一定要挖掘孩子粗心深层次的心理原因，才能对症下药，起到积极有效的作用。

过大的压力导致孩子厌学

当望子成龙、望女成凤的父母，遭遇厌学的孩子，结果会怎么样？一定是家里整天鸡飞狗跳，不得安宁吧？对于大多数并不懂得儿童心理学，也不知道如何才能卓有成效地把孩子的学习成绩提高一个档次的父母而言，孩子厌学的确是个难题。实际上，正如人们常说的，解铃还须系铃人，如果父母不能通过探索知道孩子为何厌学，那么根本不可能真正解决孩子厌学的问题。

从表现来看，厌学的孩子只要提起学习就会感到头疼欲裂，他们也根本没有兴趣学习，而且常常在学习的过程中表现出烦躁的状态。厌学的孩子往往学习效率低下，看着别人在学习方面一日千里，突飞猛进，他们只有羡慕的份儿，有些甚至连羡慕也不羡慕，因为他们根本对学习不感兴趣，也不奢望自己在学习方面有更好的表现。还有很多孩子一旦打开书本，就会无精打采，而且昏昏欲睡。还有些严重厌学的孩子，学习的时候还会出现头昏目眩等生理上的不适，不得不说，正是孩子的厌学情绪，导致孩子生理上也发生一定的变化，由此也可以从侧面说明孩子们厌学的情绪有多么强烈。

父母怎么做才能帮助孩子克服厌学的情绪呢？一味地强迫孩子学习，并不能让孩子爱上学习，从根本上而言，兴趣是孩子最好的老师，孩子只有真正对学习感兴趣，才能在学习方面有更好的表现。除此之外，没有任何可以根治孩子厌学的好方法。所以作为父母，面对厌学的孩子，最重要的就是激发起孩子对学习的情绪，以积极的情绪帮助孩子缓解厌学引起的身体不适，也让孩子更加充满信心应对学习。

整个小学阶段，乐乐对于学习还是充满兴趣的，他感到学习比较轻松，又因为学习成绩优异常常得到老师的表扬，所以他的学习状态非常好。然而，自从升入初中，乐乐没有很好地适应初中的学习模式，对于初中的知识也比较生疏，渐渐地就产生了厌学心理。

对于乐乐的表现，妈妈看在眼里，发愁在心里。有一段时间，妈妈咨询了一位老教师，询问如何才能改变孩子的厌学状态。老师告诉妈妈："孩子之所以厌学，有很多方面的原因。你家的孩子在小学阶段学习相对轻松，学习成绩也拔尖，而一旦升入初中，他就因为自己在班级里的排名没有小学阶段好,又因为学习的难度加大,而感到受挫折和打击。在这种情况下,你主要是要帮助孩子建立学习的信心,让孩子在学习上有所进步,也更加轻松,这样一来孩子就能感受到学习的乐趣,再次对学习充满信心。其实,你家孩子的厌学还是比较容易纠正的,如果孩子本身就不擅长学习,而且也习惯于在学习上落在后面,那么就会很麻烦。你现在最该做的是抓紧时间提振孩子的信心,否则当孩子长时间习惯于厌学的状态,再想改变就会很难。"

在老师的一番分析下,妈妈的心中豁然开朗,也意识到自己该怎么做。她第一时间就考察各家培训机构,为乐乐选择了最好的培训机构,也选择了最好的经验丰富的老师,这样一来,当老师深入浅出地把知识讲给乐乐听,而且还帮助乐乐预习将学习的内容,乐乐很容易就找到了优势和信心,对于学习也更加感兴趣。恢复信心的乐乐在学习方面事半功倍,很快就成为班级里的尖子生,妈妈这才放心下来。

在这个事例中,老师的分析很有道理,因为乐乐的厌学情绪就是由于在学习上落后才产生的。为此,妈妈加大力度帮助乐乐,不惜花钱给乐乐聘请经验丰富、能力很强的老师,因为妈妈知道,唯有在这个关键期内帮助乐乐重新找回自信,乐乐在未来的学习中才会有出色的表现。

毋庸置疑,每一个父母都期望孩子在学习上有出类拔萃的表现,也希望孩子最终能够出人头地,拥有功成名就的人生。遗憾的是,孩子的成长并不以父母的意志为转移,对于父母而言,最重要的就是给孩子创造更好的条件,在孩子的思想出现偏差的时候,及时纠正孩子的错误思想。这样一来,孩子才会更加积极主动地面对学习,也才能更加从容地拥有属于自己的人生。否则,如果孩子遇到小小的困难就退缩了,在学习方面总是自暴自弃，破罐子破摔，则人生也会受到影响。当然，如果孩子不是因为缺乏信心才导致厌学，而是因为对学习不感兴趣，那么，父母就要想办法激发孩子对于学习的兴趣，既可以引导孩子用学习到的知识解决实际生活中的问题，也可以带着孩子去大学校园里走一走，看一看，让孩子对大学生活产生向往和憧憬。此外，父母还可以引导孩子拥有梦想和理想，这样一来，孩子有了远大的目标，就可以为了实现目标而努力。当然，如果远大目标不能很好地激励孩子，父母还可以为孩子制定短期目标，让孩子在努力之后有所收获，这样一来孩子才能及时受到鼓舞，不轻易继续努力，不轻易放弃。总而言之，父母只要有心，就可以发现孩子厌学的根本原因，也就可以有的放矢地消除孩子的厌学情绪，让孩子深刻懂得活到老学到老的道理，也感受到学习给他们的人生带来的切实改变。

孩子为何撒谎，这很重要

孩子为何喜欢撒谎呢？这是让很多父母都束手无策的问题。面对一个撒谎成性的孩子，父母既爱不起来，也恨不起来，只是感受到深深的挫败，也会觉得很无奈。实际上，凡事有因才有果，孩子撒谎也是有原因的。作为父母，不要一味地抱怨孩子，更不要指责孩子品行恶劣，而应该深入思考，发掘出孩子撒谎的真正原因，才能更好地了解孩子，帮助孩子改掉撒谎的陋习。

孩子并不是天生就喜欢撒谎，众所周知，每撒一个谎，人们就要说出无数个谎言来让第一个谎言圆满。这样很容易陷入谎言的漩涡中无法自拔。毋庸置疑，孩子也是不喜欢撒谎的，因为撒谎劳神费力，还总是掉入自己挖的坑里，实在不是一种美好的感受。要想帮助孩子戒除撒谎的坏习惯，父母就要了解孩子撒谎的原因，仔细分析。孩子撒谎的原因各不相同，有的孩子因为害怕遭到父母的责怪而撒谎，有的孩子在做错事情后害怕承担责任而撒谎，有的孩子为了满足自身的需求而撒谎，在特定的年龄阶段，还有的孩子是因为分不清楚想象和现实而撒谎。当然，成人有虚荣心，孩子也有虚荣心，所以有些孩子会为了在与他人的比较中占据优势而撒谎，只为了满足虚荣心，为自己赚取可怜的面子。孩子撒谎既与孩子的脾气秉性有关系，也与孩子正在经历的事情密切相关。作为父母，一定要认真用心地观察孩子的情况，既熟悉和了解孩子的性格特点，也知道孩子正在经历什么，从而才能找出孩子撒谎的原因，切实有效地改善孩子撒谎的情况。

有一天，妈妈带着列宁去姑妈家里玩耍。因为很长时间都没有去姑妈家，也没有看到姑妈家的表兄弟姐妹了，为此，列宁非常兴奋，刚刚到了姑妈家，就与表兄弟姐妹们玩在一起。他们玩得实在太高兴了，列宁忘乎所以，在跑的过程中不小心撞翻了姑妈家的花架，把姑妈最心爱的花瓶打碎了。

姑妈和妈妈闻讯赶来，看到自己最心爱的花瓶已经变成碎片，姑妈赶紧询问："是谁打碎了我的花瓶？"表兄弟姐妹和列宁全都低着头。姑妈挨个孩子询问，表兄弟姐妹都否认花瓶是自己打碎的，当姑妈最后问到列宁的时候，列宁也低着头说："不是我。"看到列宁满面羞愧、惴惴不安的样子，妈妈大概知道花瓶是列宁打碎的，因而妈妈很伤心，她不明白列宁为何要撒谎。考虑到列宁已经长大，很爱面子，也要维护自己的尊严，为此妈妈没有当着姑妈的面戳穿列宁。等回到家里之后，妈妈经常有意识地给列宁讲关于诚实的故事，每次听着妈妈讲故事，列宁都如坐针毡，连头都不敢抬。最终，列宁满面羞愧地向妈妈承认："妈妈，姑妈的花瓶是我打碎的。"看到列宁终于承认错误，妈妈很欣慰，说："列宁，你能勇敢地承认错误，就是个好孩子。现在，你准备怎么做呢？"列宁说："我想向姑妈承认错误，我明天可以写信向姑妈道歉吗？"妈妈说："当然，你为什么不现在就写信呢？"列宁马上拿出信纸和笔，开始给姑妈写信。写完信，列宁觉得压在自己心里的大石头终于被搬下来了，他觉得浑身轻松。没过几天，姑妈就给列宁回了一封信，在信里，姑妈说："无论多少个花瓶，都不如你的诚实更重要。"就这样，列宁赢得了姑妈的谅解，也成功地战胜了逃避责任的怯懦。

在这个事例中，列宁之所以撒谎，说花瓶不是自己打碎的，就是因为他害怕承担责任，也害怕受到姑妈的责备。他知道那个花瓶是姑妈最喜爱的花瓶，所以才会更加胆怯。在妈妈潜移默化讲故事的过程中，他端正态度，认识到诚实是最重要的。这样一来，他最终战胜了内心的胆怯，向妈妈坦白承认了事实。这样一来，列宁自然得到姑妈的赞许，也因为诚实而让自己的内心更加轻松。

当发现孩子撒谎的时候，父母不要急于批评和否定孩子，而要意识到孩子之所以撒谎，一定是有原因的。只有找到原因之后再对症下药，有的放矢地解决问题，才能真正帮助孩子戒掉撒谎的坏毛病，也能够给予孩子更多的理解和尊重。有的时候，父母教育方式不恰当，也会导致孩子撒谎。例如很多父母在发现孩子犯错误的时候，总是对孩子动辄打骂，当孩子受到如此恶劣的对待，他们自然不敢承认错误，其实是孩子在自保。所以父母要为孩子营造宽容理解的家庭氛围和环境，才能以更多的爱与包容对孩子进行正确的引导，让孩子成长为一个有担当的人。

让孩子感受分享的乐趣

现代社会，很多孩子都是独生子女，或者顶多有一个兄弟姐妹。对于独生子女而言，他们习惯了从小就独霸家里所有的资源，再加上父母的溺爱和长辈的疼爱，他们更加觉得自己就是宇宙的中心，整个宇宙都应该围绕着自己转圈。在这种情况下，孩子很可能越来越骄纵任性，而且在人际相处的过程中也非常悭吝，根本不能做到乐于分享。当然，未必每一个独生子女都是很自私任性的，其实就算没有兄弟姐妹分享，如果父母在教养孩子的过程中不骄纵孩子，而是有意识地引导孩子感受分享的乐趣，那么孩子就会更加积极主动地分享，也会爱上分享。

有人说，痛苦分享，就变成一半的痛苦；快乐分享，就变成双倍的快乐。事实的确如此，所以父母不要总是把所有好的都给孩子，导致孩子不但不懂得分享，而且也自私自利，无法处理好人际关系。通常情况下，善于分享的人都是心怀大爱的人，他们性格宽和，与人友善，而且在任何情况下都不会斤斤计较。看起来，爱分享的人总是把自己所有的给别人一部分，表面上是吃亏了，实际上赠人玫瑰，手有余香，爱分享的人即使得不到对方的回报，在帮助他人的过程中也会感受到内心的满足和愉悦，这就是最大的回报。不得不说，这就是分享的魅力。要想让孩子拥有宽容、快乐的人生，父母就要教会孩子分享，更要在引导孩子分享的过程中，让孩子感受到分享的快乐，也让孩子知道只有分享才能拥有更多的朋友。对于孩子而言，这是弥足珍贵的，也是成长中收获快乐的前提条件。

有一天，可乐来甜甜家里做客。在没有见到可乐的时候，甜甜非常思念可乐，还说可乐是自己的小妹妹、好朋友。可乐刚刚来到家里的时候，甜甜对可乐非常热情，也愿意把自己所有的一切都与可乐分享。然而，随着相处的时间越来越长，甜甜开始变得小气。甜甜抱着自己的芭比娃娃，无论如何也不愿意给可乐摸一下，可乐伤心地哭了起来。这个时候，妈妈对甜甜说："甜甜，你要学会分享哦。你看，可乐妹妹来咱家，还给你带来了很多好吃的零食，也是在与你分享。分享是相互的，如果你只顾着吃可乐的零食，而不愿意把你喜欢吃的东西与可乐分享，也不愿意把你的玩具给可乐玩，可乐就会很伤心，她也许会带着那些零食离开吧！"听到妈妈这么说，甜甜觉得很紧张。她的大眼睛滴溜溜地转了一会儿，然后对妈妈说："好吧，我把玩具给可乐玩，她就不会带着零食离开了！"听到甜甜这样孩子气的话，妈妈忍不住笑起来，说："当然，如果甜甜乐于分享，可乐也会很乐于分享。这样，你有了更多的零食，可乐也可以玩玩具。你们就是真正的好朋友，好吗？"甜甜点点头。

打开心结，不再对可乐吝啬之后，甜甜也收获了更多的快乐。整个下午，甜甜都与可乐友好相处，不但没有任何争吵，反而还相互谦让，在一起非常愉快。在感受到分享的乐趣之后，甜甜晚上吃饭的时候,把自己最爱吃的虾仁夹到妈妈碗里,还对妈妈说:"妈妈,你也吃虾仁,我们要学会分享。"妈妈高兴地吃掉甜甜夹给她的虾仁,说:"谢谢甜甜。妈妈也分享给你一些青菜,好不好?"甜甜也高兴地点点头。

在这个事例中最开始的那一幕,是不是很多孩子身上都发生过呢?在自我意识觉醒期,孩子不但自我意识越来越强,而且还会对于物权的归属变得更加敏感。这也是为什么很多孩子刚开始不吝啬自己的东西,而等到两三岁之后,却变得很吝啬,把自己的东西看得非常重的原因。在这个事例中最后的那一幕里,作为父母,你们是否觉得似曾相识呢?看到妈妈高高兴兴把甜甜夹给她的虾仁吃掉,也许有些父母会想:这个妈妈真是嘴馋,居然吃孩子的虾仁,孩子有这份心意,心领了不就好么!不得不说,这些父母的想法是错的。

现实生活中,很多父母都会试探年幼的孩子,当孩子吃美味的食物时,父母会向孩子索要。而当孩子真的把食物分享给父母时,父母又会拒绝,还美其名曰把好吃的留给孩子,让孩子长身体。实际上,当父母一次又一次向孩子索要食物,又拒绝食物的时候,孩子渐渐地就会形成一种想法:父母只会假装想吃,不会真的想吃。这种情况下,面对真正的分享,孩子总是非常抗拒,不愿意和父母一起享用。长此以往,孩子也就变得越来越自私。不管家里有几个孩子,父母都不要养成把所有好吃的东西都留给孩子的坏习惯,而要真正与孩子一起分享美食。这样孩子才能养成分享的好习惯,也不会在父母与他们分享的时候很不乐意。此外,一起分享还会让孩子养成孝敬父母的好习惯,而不会先入为主地认为父母理所应当地要把一切好吃的都给他们吃,自己却不吃。孩子不是生而自私，也不是生而就慷慨大方。父母在与孩子相处的过程中一定要有意识地帮助孩子养成各种好习惯，孩子才会与父母友好相处，也才能主动分享，乐于分享。

第 10 章

管教孩子，家长一定要避免的误区

管教孩子时，很多父母都会陷入误区，这是因为他们不知道孩子的脾气秉性，也不了解孩子的心理。养育孩子从来就不是简单的事情，更不可能一蹴而就，因为孩子是独特的生命个体，是有血有肉有感情的人，所以父母对待孩子更要用心，与时俱进地看待孩子，才能在与孩子的相处中找准节奏，给予孩子适度合理的管教和引导。

对待孩子要温和友善

很多父母对待孩子的心态都有问题,他们觉得孩子是自己生养出来的,因而就堂而皇之在孩子面前充当主人的角色,动辄对孩子颐指气使,或者丝毫不把孩子看在眼里。殊不知,以这样的态度对待孩子,只会导致孩子产生逆反心理,也因为无法感受到父母的爱,所以孩子们常常觉得惶惑不安,更是在成长的过程中缺乏安全感。

明智的父母知道,尽管孩子因着父母来到这个世界上,但是孩子并不是父母的私有物品,更不是父母的附属品。因而他们会尊重孩子,给予孩子平等的对待,也发自内心意识到孩子是独立的生命个体,是有血有肉、有思想有灵魂的人。这样一来,父母才不会刻意支使孩子,也不会非常恶劣甚至粗暴地对待孩子。那些动辄对孩子暴力相待的父母不知道,他们恶狠狠下去的一巴掌,不仅会让孩子的身体受到伤害,更会让孩子的心流血。而且,当孩子长期处于暴力的环境下,他们的性格也会扭曲,身心无法健康发展。当父母对孩子太过压迫,孩子还会想出各种权宜之计来对待父母,例如为了逃避责任而撒谎,为了避免被训斥和怒骂,而采取更加极端的方式对待自己。父母一定要注意,不要等到孩子的心理扭曲到无法挽回的程度时,再对孩子友善。而且,暴力倾向是会传染的,当孩子经常遭遇暴力,他们也会不由自主地表现出暴力的倾向。

一天，甜甜在幼儿园和小朋友发生了冲突。原来，甜甜走路的时候不小心碰到了小朋友，结果小朋友就不依不饶，扑上来要和甜甜打架。甜甜在家里是个乖乖女，很少打架，自然没有招架和还手之力，在这种情况下，甜甜的脸都被小朋友挠破了。为此，妈妈要求老师解决问题，至少要避免这种情况再次发生。老师也觉得那个小朋友很喜欢攻击别人，因而借此机会把甜甜妈妈和那个小朋友的家长都叫到学校里，当面解决问题。甜甜妈妈先到的，所以就安抚甜甜："没关系，那个小朋友一定是心情不好才会打人，他不是故意的。一会儿等小朋友的爸爸来了，咱们告诉他的爸爸，让他的爸爸管一管他，这样他下次就不会打人了，好不好？"甜甜委屈极了，眼泪簌簌而下。

老师和甜甜妈妈正在沟通的时候，小朋友的爸爸来了。到了老师的办公室，这位爸爸二话不说，上去就给了小朋友一个大耳刮子，口中还怒斥道："让你打人，让你打人。再打人，我就打死你！"老师和甜甜妈妈赶紧上前制止，他们都被这位爸爸过激的举动吓倒了。甜甜妈妈说："这位爸爸，不要误解，我们只是见面来沟通下孩子如何更好相处，不是向你告状，让你打孩子的。孩子还这么小，你下这么重的手，如果不小心打到孩子的脑袋，那孩子可就傻了。"爸爸依然气鼓鼓地说："傻了更好，省得在外面给我闯祸。"甜甜妈妈也无语了，看到那个小朋友的嘴角渗出血迹，她大概知道那个小朋友为何有暴力倾向，总是动辄就打其他孩子了。后来，老师也郑重其事批评了那位爸爸，并且对他说："这位爸爸，如果您在家里总是打孩子，让孩子误以为一切问题和情绪都可以通过打人来解决，那么孩子的情绪只会越来越冲动，也根本控制不住自己的手，导致暴力行为愈演愈烈。其实孩子也是受到您的影响，希望您在家庭教育中要保持情绪平静，避免粗暴地对待孩子，这样才有利于孩子的身心健康，也能帮助孩子快乐地成长。"那位爸爸听到老师的话还有些不服气呢，老师无所畏惧地说："我的话也许难听，但是道理就是这样的。如果您需要，我可以赠送您几本关于儿童心理学的书，这样您就知道我说的对不对了。"听到老师这么说，这位爸爸只好消除怒气。

在这个事例中，打人的小朋友明显是因为总是被爸爸打骂，所以才会表现出暴力倾向。如果爸爸能够更加理性一些对待孩子，控制好情绪，耐心地给孩子讲道理，以身作则地告诉孩子除了打人之外，还有很多方法可以解决问题，那么渐渐地孩子就会更加懂得道理，也不会总是以暴力解决问题。

孩子就像一张白纸，正处于染之黄则黄，染之苍则苍的年龄阶段。在这个时期里，父母一定要给孩子树立好的榜样，而不要总是给孩子传递坏的思想，更不要让孩子沾染不好的行为习惯。有人说孩子是父母的镜子，因而当发现孩子的言行举止出现问题的时候，父母首先要反思自己。有些孩子心智不成熟，对于父母"打是亲，骂是爱"的表现并不能理解，在这种情况下，他们还会产生强烈的逆反心理，导致做出过激的举动。近些年来，有的孩子选择离家出走，有的孩子会在暴怒之下跳楼身亡，这都是因为他们的叛逆心理使然。作为父母一定要意识到，教育孩子固然重要，但是如果不讲究方式方法，就会起到事与愿违的效果，甚至导致严重的后果。不要等到事情无法挽回的时候再去懊悔，最重要的是在事情没有发生的时候就防患于未然，这才是最好的选择。

孩子不是父母梦想的继承人

现实社会中，有太多的人有尚未实现的梦想，当自己年华老去，身体日渐衰弱，他们会觉得这个没有完成的梦想成为了人生中的隐痛，是永远也过不去的坎。面对自己没有实现的梦想，很多父母想当然地认为可以让孩子代替他们去实现，殊不知，这样的想法是根本行不通的。孩子虽然是父母生养的，但却不是父母梦想的继承人，更不是一生为父母而活的。父母可以要求孩子实现人生的梦想，但那应该是孩子自己的梦想和孩子自己的人生，与父母无关。

父母生养了孩子，绝不应该是为了实现父母的梦想。父母辛辛苦苦地抚养孩子长大，也拼尽全力为孩子创造良好的生存条件，这一切都只是为了在人生的道路上帮助孩子一程，而不是要让孩子完全活成父母的样子。所以父母要明智，孩子虽然是父母的生命延续，却不是父母的梦想继承人。作为父母，不要把梦想强加给孩子，更不要在与孩子相处的过程中完全迷失自己。唯有如此，父母才能活出父母的精彩，孩子也才能活出孩子的人生。

眼看着小丽就要参加高考了，最近，家里正在为小丽高考填报志愿的事情争论不休呢。小丽最喜欢语文，所以想报汉语言文学专业。但是，理工科出身的爸爸却很迂腐，坚持让小丽报考理科，还再三和小丽强调："学好数理化，走遍天下都不怕。"听到爸爸的话，小丽简直觉得可笑，说："爸爸啊，这都猴年马月了，你还把自己年轻时候的那一套拿出来说。我就想学习文科，我要成为一个才女。"看到强求不成，爸爸开始对小丽展开感情攻势："小丽，爸爸当年就特别想成为化学博士，你就满足爸爸的心愿，去学化学吧。女孩子做实验，想想都觉得很帅。你再想想居里夫人，不但获得了诺贝尔化学奖，还青史留名。"小丽对爸爸的话不以为然："我学习文科，未来说不定还当作家，也能获得诺贝尔文学奖呢，就像莫言一样。"爸爸被小丽气得七窍生烟，也不知道该说什么了。

然而，爸爸从未放弃说服小丽，每天都在小丽面前嘀嘀咕咕，最终，小丽在高考前被爸爸气得离家出走，住到了宾馆里。幸好妈妈是很明白事理的，知道高考志愿关系到孩子的一生，因而私底下对小丽说："小丽，你想学什么就学什么，不要听你爸爸的。"后来，妈妈还给小丽提供金钱的支持，让小丽在宾馆里度过了几天。爸爸找不到女儿，这才感到非常紧张和懊悔，不止一次对妈妈说："我可真是糊涂，非要让小丽学习数理化。哎，只要小丽回来，我再也不犯糊涂了。"

过了两天，妈妈把爸爸的话告诉小丽，小丽这才回家。没有了爸爸的干扰，小丽心情愉悦地参加高考，取得了非常好的成绩。后来，小丽果然在文学方面有所建树，成为了一位著名的畅销书作家。

每个人都有属于自己的人生之路。哪怕是父母，也不能强硬地要改变孩子的人生轨迹。父母尽管给了孩子生命，却并不拥有孩子的生命。孩子刚刚出生的时候需要依赖父母，但是随着渐渐成长，他们的自我意识越来越强，人生理想逐渐明确，在这种情况下，父母就要尊重孩子，也要给予孩子更大的自由选择空间。

所谓强扭的瓜不甜，当父母强迫孩子按照他们的意愿生活，孩子如何能够快乐呢？曾经有一位成功的企业家，一心一意想让儿子学习金融管理，从而接手家族企业。偏偏儿子对金融丝毫不感兴趣，而只想学习西点，因为从烘焙之中，他能感受到莫大的快乐。企业家阻止儿子无果，因而对儿子说："如果你能考上最有名的制作西点的学校，我就支持你。但是如果你没有考上，你就要听我的去学习金融。"儿子很有信心，因而当即答应了父亲的要求。让儿子万万没想到的是，父亲想方设法拦截了西点学校的录取通知书，所以儿子左等右等，都没有等到通知书。无奈，儿子只好顺从父亲的意志去学习金融。天资聪颖的儿子把金融也学习得很好，毕业后进入家族企业开始工作。有段时间，父亲生病了，想让儿子彻底接手企业。儿子正在考虑中，为了照顾父亲，他还专门做了一道自己拿手的西点给父亲吃。当父亲看到儿子端着一盘新鲜出炉的西点出来，满脸都洋溢着满足和幸福的时候，父亲不由得想到孩子每天工作都很不快乐，为此他感到很懊悔。他对儿子说："儿子，你还是去做自己喜欢的事情吧，爸爸当年把你的录取通知书藏起来了，爸爸对不起你。"从这位父亲的懊悔上，可以看出他的确认识到自己的行为给孩子带来了多大的伤害。

父母唯有尊重孩子的意愿，支持孩子的人生选择，才能真正给予孩子幸福的人生。对于孩子而言，也不要轻易因为父母的建议就改变人生的重要决定。归根结底，人生不是用来妥协的。唯有坚持不懈，才能在人生中收获圆满。

牺牲自己，不是对孩子最好的爱

在大城市，有多少父母因为没有人带养孩子而感到焦虑，这是因为大城市的工作压力很大，生活节奏很快，而孩子上学的时间往往与父母工作的时间不能统一协调，此外年幼的孩子更需要父母每时每刻的陪伴。为了平衡工作与家庭之间的关系，很多父母会在认真思考之后，做出最终的选择，那就是让妈妈当全职家庭主妇，负责照顾家庭和孩子，而爸爸则要变身职场超人，在职场上拼尽全力，以自己的力量支撑起整个家庭的经济。不得不说，不管是对妈妈，还是对爸爸而言，这都是艰巨的任务。尤其是对妈妈来说，原本正值大好年华，却要从此告别职场。等到孩子长大了，进入小学阶段，可以相对独立，已经是十年的时间过去。这种情况下，即使妈妈真的可以重返职场，十年的时间也早就让妈妈脱离职场，无法重新适应职场。面对这样一个满面烟火气息的妈妈，孩子会怎么想？面对无法回到过去的人生，妈妈又会怎么想呢？

然而，现实就是如此残酷，很多全职妈妈的人生注定了会无所适从。孩子小时候，为了照顾孩子选择放弃工作，好不容易盼到孩子长大了，面对已经全然陌生的职场无所适从。尤其是当孩子翅膀硬了，飞走了，妈妈更是会感到失魂落魄，不知道自己人生的意义到底在哪里。实际上，还有更好的方式可以平衡工作与家庭的关系，可以让妈妈在照顾孩子的同时，也能兼顾工作，就不会让自己总是无所适从、失魂落魄。最重要的在于，父母要摆正心态，要知道怎么去做，才不至于陷入迷惘之中，也不至于牺牲了自己却毫无收获。

从本质上而言，牺牲自己，未必是对孩子最好的爱。偏偏有很多妈妈都有伟大的牺牲精神，总觉得牺牲自己就能给孩子完美的童年，给孩子最富足的爱，其实这种想法完全错误。全职妈妈为了亲自带孩子而辞掉工作，这种对孩子负责的态度是值得钦佩的。然而，如果不能协调好各个方面的关系,为了孩子而牺牲自己全部的人生,这样的妈妈未必是好妈妈,也很难给孩子树立积极的榜样。

小娜和林峰是大学同学,他们从大二就开始恋爱,一对人人羡慕的青梅竹马。因为感情已经很好,再加上双方的父母也很支持他们,所以他们一毕业就结婚了,在大多数同学都还为生计奔波的时候,他们已经有了一个安稳的家。

成家之后,小娜和林峰都很努力,他们想凭借自己的拼搏,创造更好的条件。一开始,小娜和林峰说好未来三五年都不要孩子,毕竟他们结婚早,经济基础薄弱,要等有了经济基础之后再考虑孩子的事情。但是在结婚第三年的时候,小娜发现自己意外怀孕了。面对这样的困境,小娜很纠结,一则是因为这个孩子来的不是时候,二则是小娜正处于事业的上升期,职业前途不够稳定,如果这个时候生孩子,很容易让她此前的努力都付诸东流。思来想去,小娜都无法决定,而林峰听说小娜怀孕了,则欣喜若狂,双方的老人也都迫不及待地欢迎小生命的到来。就这样,小娜只好准备迎接小生命。就在小娜即将到预产期的时候,她的婆婆因为脑溢血瘫痪,她的爸爸也因为身患疾病住进医院。这样一来,双方的老人只能勉强照顾自己,而小娜不得不和林峰独自面对小生命的到来。孩子出生之后,小娜的产假很快休完了。虽然想过雇保姆,但是小娜终究不安心把这么小的孩子完全交给保姆。为此,小娜彻底辞职,开始了全职妈妈生涯。在小娜无微不至的照顾下,孩子渐渐成长,但是因为小娜过于溺爱孩子,什么都事情都代劳,导致小孩的自理能力很差。

一开始,小娜不知道原因何在,后来在与朋友聊天的时候,被朋友一句话点醒，小娜才意识到自己的确是溺爱孩子，也把孩子照顾得太周到。痛定思痛，小娜决定恢复工作，把孩子送去幼儿园。在一年的时间里，孩子就得到了很好的锻炼，小娜忙于工作，孩子经常需要力所能及地照顾自己，反而变得更加独立和懂事。就这样，小娜逐渐成长起来，成为超级辣妈，孩子也全方面发展，成为生活小能手。

当父母为了孩子完全牺牲自己，他们对于孩子的期望必然水涨船高，也会无意中给孩子提出过高的要求。在这种情况下，父母与孩子的关系必然变得紧张，孩子有可能因为不堪重负自暴自弃。明智的父母会为孩子做出一定的牺牲，但是却不会为孩子付出全部，因为他们知道，只有自己活得精彩，才能给孩子树立榜样，也才能让孩子以父母为表率，从而更好地拥抱人生。

前文说过，父母越是勤快，孩子越是懒惰。相反，父母越是懒惰，孩子则越是勤快。在这样的情况下，父母一定要把握好自己与孩子之间的度，才能对孩子挚爱有度，也才能以合理适度的爱引导孩子成长，给孩子幸福快乐的人生。这就如同买保险的道理。很多父母误以为有了钱要先给孩子买保险，却不知道没有父母的幸福安康，哪来孩子的快乐成长。因而保险专家告诉我们，父母在买保险的时候，一定要先考虑给自己买保险，这样才能在保障自身的基础上，给孩子一个幸福安稳的家。否则孩子哪怕有再多的保险，如果没有父母的保护和庇佑，也是很难快乐成长的。

教育不唠叨，孩子才能听得进去

对于孩子，很多父母都存在严重的误解，即觉得孩子就像老鼠一样，总是撂爪就忘，在这样的情况下，父母忍不住反复叮咛孩子，不断提醒孩子，只希望孩子记住父母的谆谆教诲，也能够配合父母把每件事情做得更好。实际上，父母不知道的是，反复提醒不但会激发起孩子的逆反心理，让孩子对父母的唠叨不胜其扰，还不利于孩子的心理健康，会导致孩子出现接受障碍。所谓话不在多，而在于精，明智的父母不会通过反复强调，让自己的话在孩子心目中失去分量，反而会把话说得少而精，这样不但自己节省力气，也能引起孩子的重视。

当父母无法控制自己对孩子的说教，甚至如同唐僧念经一样给予孩子无法承受的巨大压力时，孩子还会因为不堪其扰而做出冲动的举动，例如有些孩子会自残，有些孩子会选择极端逃避方式。这听起来不可思议，只有置身于父母极端唠叨中的孩子，才知道父母的唠叨多么难以忍受。

乐飞是个性格外向的孩子，小时候尤其喜欢笑。还是个婴儿的时候，乐飞就因为爱笑而得到很多人的喜爱。然而，随着不断成长，乐飞的性格却越来越沉闷，爸爸妈妈都觉得很纳闷。尤其是妈妈，在意识到乐飞变得越来越内向和忧郁的时候，几乎每天都若干次追问乐飞："飞儿你怎么不高兴啊，是有什么烦心事吗？"妈妈只记得自己对孩子的关切，却没有留意到她的追问让乐飞更加愁眉紧锁。有的时候被妈妈问得急了，乐飞就会躲到自己的房间里，把房间的门反锁上，任由爸爸妈妈怎么呼唤，他也不愿意回应。

有一次，在妈妈的追问下，乐飞又躲到房间里。爸爸妈妈呼唤乐飞没有得到回应，不由得很担心，爸爸甚至喊道："飞儿，你再不开门，我就要破门而入了啊！"飞儿很懊恼，他觉得自己就像置身于可怕的地狱中一样，根本无法抵御外部的力量。为此，他生气地拿起剪刀，把自己的衣服都剪破了，还用针刺破了自己的手指。等到爸爸妈妈好不容易找到备用钥匙打开门，看到眼前的情形不由得大惊失色："乐飞，你为何要这么对自己呢？"乐飞却苦笑着说："你们能不能别管我，也不要像苍蝇一样盯着我。我真的受不了了，我要崩溃了，或者你们把我送到寄宿学校里去吧，或者为了省钱给我在外面租一间房子也好，总之我不想这样被你们像看犯人一样看着了，我只想自由一些。"乐飞的话让爸爸妈妈都很吃惊，他们不知道为何乐飞会有这样的想法。但是看着乐飞拿着剪刀目露凶光的样子，他们担心乐飞会继续做出伤害自己的行为，为此他们赶紧离开乐飞的房间，再也不敢说什么了。

对于乐飞的表现，爸爸妈妈都很担心，为此他们背着乐飞找到心理专家求教。在表述清楚与乐飞相处的情况后，心理专家对爸爸妈妈说："其实问题不是出在孩子身上，而是出在你们身上。孩子正处于青春期，希望有自己的独立空间，你们实在太唠叨啰唆，总是对孩子亦步亦趋，过分关注孩子，也使得孩子觉得窒息，所以孩子才会出现自残行为。接下来的时间里，你们如果不想继续惹得孩子反感，最好还是有意识地忽略孩子，给予孩子适度的时间和空间，这样才能让孩子自由地成长。即使真的有话需要和孩子说，也不要啰里啰唆。你们说得越多，孩子越是听不进去，还不如少说几句，把重点讲清楚就好。"专家的话说得很明白，也让父母茅塞顿开。妈妈还有些疑问："专家，您说我们不和孩子交流，怎么能知道孩子心里在想什么呢？"专家笑着说："孩子越来越大，心思重，不可能像小时候一样把所思所想都告诉你们。你们要允许孩子有自己的隐私，给孩子独立的空间去呼吸，也给孩子一定的权利去自由地安排自己的生活。这样，你们才是最值得孩子钦佩的父母，也才能与孩子处理好亲子关系。"妈妈彻底明白了，原来乐飞已经到了不需要凡事都告诉父母的年纪，难怪他会觉得烦，因为父母还停留在要全方位了解乐飞的阶段呢！

在这个事例中，乐飞的表现其实已经很冲动和极端，幸好父母在觉察到乐飞的情绪异常之后，还能马上退出乐飞的房间，没有继续刺激乐飞，否则后果一定不堪设想。现代社会中，很多父母从孩子出生开始就全心全意照顾孩子，为此他们常常沉浸在对孩子的爱中无法脱身。往往是孩子已经长大，到了心理断乳期，父母却还停留在孩子小时候，觉得孩子依然是那个吃喝拉撒都需要自己照顾的小屁孩。不得不说，父母这样的想法是错误的，也完全滞后于孩子的成长。作为父母，一定要调整好心态，做到与孩子的成长同步，才能最大限度了解和理解孩子，也才能真正成为孩子成长最合格的陪伴者。

有人说，做父母，是每个人毕生最伟大的事业，也是需要每个人活到老学到老，才有可能做好的事业。的确，做父母的难度是很大的，这是因为做父母不像对待普通的工作那么轻松随意，往往父母一句不经意的话就会给孩子的成长带来很大的影响。此外，父母面对的孩子也不是冷冰冰的机器，而是有血有肉的生命个体。在这种情况下，父母必须更加深入了解父母工作的含义，也最大限度了解孩子作为独立生命个体的特殊性，才能给予孩子更好的陪伴，才能帮助孩子在人生的道路上走得更好，收获更多。

不要用成人的标准要求孩子

　　对于这份神奇而又特殊，并且肩负着伟大使命的特殊事业，很多人在从事父母职业的过程中，总是陷入各种各样的困境之中无法自拔。其中，绝大多数父母都会在不知不觉间陷入的一个误区就是，他们总是以成人的思维来揣测孩子，或者以成人的标准评判孩子。在这种情况下，父母当然无法设身处地地理解孩子，更不可能站在孩子的角度上，从孩子的视角看待问题，走入孩子的内心。由此也导致发生很多问题，即孩子在成长的过程中得不到父母的理解，所以异常苦闷；孩子面对父母莫名其妙的批评总是摸不着头脑，也常常感到迷惘。在与父母沟通的时候，孩子还会陷入误解之中，既不了解父母的表达，也不知道自己到底要如何说才能让父母听懂。由此一来，父母和孩子都陷入困境之中，彼此之间的沟通当然不会起到预期的效果，孩子与父母之间的关系也会越来越恶劣。

　　每个人在思考问题的时候，都会不由自主地犯主观主义的错误。父母对待孩子也是如此，父母已经习惯了成人的思维方式，因此在与孩子相处的过程中，看到孩子的言行举止，也会不知不觉间就以成人的标准去评判和要求孩子。在这种情况下，孩子当然会很被动，也感受到不被理解的痛苦。父母要想与孩子搞好关系，就要尊重和平等对待孩子，就要站在孩子的角度上思考问题，就要蹲下来，从孩子的视角观察这个世界。

一天，妈妈带琳达去参加公司举行的年会。年会是以酒会的形式举行的，因为恰逢圣诞节，所以还有圣诞树和很多装满圣诞礼物的盒子。原本，妈妈以为琳达会非常习惯这个宴会，也会很喜欢漂亮精致的礼物，没想到琳达才到了宴会现场半个小时，就央求妈妈带她离开。妈妈很不理解："琳达，宴会这么好玩，你怎么就不能留下来呢？妈妈还要与同事们聊天呢。"琳达又坚持了十分钟，实在无法坚持下去，居然抱着妈妈的腿哭起来。琳达哭得很伤心，也很委屈，不愿意松开抱着妈妈的手。无奈之下，妈妈只好蹲下来，让自己的视线与琳达的视线保持齐平，原本妈妈是想安抚琳达的情绪，然而目之所及让她感到非常恐怖。这个时候，妈妈才知道，原来看起来光鲜亮丽、热闹非凡的宴会，在小小的琳达眼里，却是一条条不停走动的腿。这是因为琳达的身高太矮，只能看到每个人的腿，所以琳达才会觉得懊恼，不愿意继续留在这个似乎专门为了展览腿而召开的宴会上。为此，妈妈当即带着琳达离开了这个糟糕的宴会，也心怀内疚地安慰伤心的琳达。

在这个事例中，如果妈妈不蹲下来，她根本不知道在她眼中非常有趣的宴会在琳达眼中是怎样的模样。幸好妈妈从琳达的视角看到了宴会的情形，否则继续留在那里，对于年幼的琳达而言就是一件太糟糕的事情。每一个父母都还没有习惯从孩子的视角看待这个世界，他们总是高高地站立着，居高临下地看待孩子，而丝毫不知道孩子眼中的世界是怎样的。当然，这只是从物理的角度来看，视角不同，给孩子和成人带来的感受也截然不同。从心理的角度而言，孩子对于这个世界的感受和成人更是截然不同的。所以父母为了了解孩子，要学会蹲下来，看一看孩子眼中的世界，也要学会设身处地为孩子着想，从孩子的心理角度出发，更深入地了解孩子的内心，给予孩子足够的理解和包容。

　　作为父母，在面对孩子的言行举止时，一定要有意识地走出自我的局限，这样才能忘记自我，站在孩子的角度看问题。否则，父母以成人的标准来要求孩子，对于孩子是不公平的，也会给孩子带来深深的伤害。此外父母还要注意，处于不同年龄段的孩子，他们的身心发展规律和特点也是不同的，所以父母还要针对孩子所处的年龄阶段特点，更好地感受和了解孩子，与孩子建立良好的亲子关系，与孩子之间形成深厚的亲子感情。

第 11 章

尝试新鲜的教育法，不断完善自己的教育手段

很多父母会发现，哪怕为了教育孩子磨破嘴皮，也无法起到预期的良好效果，这到底是为什么呢？究其原因，一味地说教并不能让孩子深刻意识到自己的错误，也不能让孩子进行积极的自我反省。这样一来，孩子如何能过积极地反省自我，完善自我呢？明智的父母知道，教育孩子的路还很漫长，父母必须与时俱进，还要拥有创新意识，不断地探索新的教育方法，才能最大限度地满足孩子的心理预期，才能给予孩子更好的引导和教育。

适度对孩子冷漠，锻造孩子坚强的心

不得不说，现代社会的大多数孩子都是从小泡在蜜罐里长大的，他们从未感受到生活的凄风苦雨，更不能理解生活中存在的那些艰辛。在这种情况下，父母必须更加理性地教育孩子，不要让孩子泡在蜜罐里还含着糖，而要让孩子适度接受挫折教育，学会适应这个世界的冷漠，孩子才能拥有一颗无比坚强的心，也才能在持续的历练中成为真正的人生强者。

然而，不管孩子多么令人生气，很少有父母能够狠下心来对孩子冷漠。他们总觉得孩子的内心非常脆弱，也生怕自己无意间就伤害了孩子的玻璃心，因而始终对孩子小心翼翼，含在嘴里怕化了，捧在手里怕摔了，总而言之，就是不能给孩子任何委屈和漠视。然而，即使父母对孩子始终满怀热情，就能保证孩子在人生的道路上不会受到冷漠的对待吗？当然，答案是否定的。如果父母不曾给孩子冷漠的教育，锻炼孩子承受挫折的能力，则孩子有朝一日离开父母的庇护，独自去面对这个社会和残酷的世界，他们还能适应吗？结果很令人担忧。所以父母不但要给孩子热情和温情，也要抓住机会以冷漠锻造孩子坚强的心，唯有如此，孩子才会茁壮成长，才能在不断的历练中坚持奋进。

从小，乐乐就在爸爸妈妈和爷爷奶奶无微不至的照顾中长大，渐渐地，他养成了衣来伸手、饭来张口的坏习惯。有一天，妈妈因为感冒发烧了，为此让乐乐给她端杯水吃退烧药。不承想，乐乐虽然很顺从地给妈妈端来了杯水，却问妈妈："妈妈，我给你端水了，有报酬吗？"听到这句话，原本还因为得到儿子的照顾而感到温暖的妈妈，不由得心里拔凉拔凉的，她当即质问乐乐："你给我端来一杯水就要报酬，那么我已经任劳任怨照顾了你这十几年，你是否要把所有的报酬都一次性结算给我呢？"乐乐听到妈妈的指责，赶紧溜走，躲得远远的。

还有一次，家里要大扫除，妈妈要求乐乐也做一些力所能及的事情。乐乐帮助妈妈把每个卧室的柜子都擦得干干净净，又对妈妈说："妈妈，我帮你打扫卫生了，你是不是应该感谢我一下啊？"妈妈横眉怒怼："你帮我打扫卫生？那我每天累死累活地洗衣服、做饭、拖地，我又是为了谁呢？"乐乐被妈妈说得哑口无言。晚上，妈妈对出差回来的爸爸说起这件事情，感慨乐乐不知道感恩，也不知道回报，爸爸说："其实，孩子就是被咱们照顾得太舒服了。你不妨对他冷漠一下，让他自己感受一下没有人照顾的滋味，所谓没有对比就没有伤害，只有在有对比的情况下，他才能知道有父母照顾多么好，也才能知道你的付出对这个家多么重要。"妈妈觉得爸爸说的很有道理，当即采纳爸爸的意见，对乐乐展开冷漠教育。每天吃饭的时候，妈妈不再把饭菜都盛出来端到桌子上摆放好，也不再给乐乐倒水，更不帮助乐乐洗衣服。才几天的时间，乐乐就觉得无法忍受，因而问妈妈："妈妈，我得罪你了吗？"妈妈笑起来，说："没有啊。"乐乐莫名其妙地问："那你为什么对我这么冷淡，也彻底罢工了呀？"妈妈说："你能感觉到啊，我还以为我所做的一切你都无知无觉，有没有也都无所谓呢！"乐乐这才明白妈妈的用意,抱着妈妈的脖子撒娇道:"好妈妈,我知道错了。我知道你是我们家的大功臣,也知道你养我很辛苦,放心吧,等我长大了一定会好好孝敬你,让你也能享清福,衣食无忧。"妈妈语重心长地对乐乐说:"其实妈妈不奢求你的回报,但是作为孩子,你要知道父母这么辛苦都是为了谁,也要感恩,知道吗?在这个家里,之前一直都是爸爸妈妈在付出,那是因为你还小,很多事情都不能做。但是现在你长大了,有能力做很多事情,所以你也要学着为这个家分担,更要把这个家放在心里,努力为家里做更多的事情,明白吗?"乐乐点点头,红了眼眶。

太多的孩子已经习惯了接受父母的照顾,因而他们对于父母对整个家庭的付出常常无知无觉,也根本不知道父母为了给他们创造更好的生活条件付出了多少努力。作为父母,一定不要让孩子养成这样衣来伸手、饭来张口,不知道感恩的坏习惯。正如事例中乐乐爸爸所说的,给孩子适度冷漠的对待,对于孩子的成长未必是坏事情。父母虽然要爱孩子,却不能无限度地爱孩子,更不能让自己对孩子的爱泛滥,使得孩子在大量的爱中迷失自我。

除了要在日常生活中给予孩子更多的机会锻炼之外,父母还要思考的是,当孩子遭遇困境的时候,是否还要不假思索地对孩子伸出援手。这就像孩子学步的时候摔倒,父母要不要马上上前扶起孩子的问题一样经典。其实,如果以孩子的能力可以解决问题,或者是孩子经过努力就能渡过困境,那么父母就不要立刻帮助孩子。否则,孩子很容易形成依赖性,也因为生活中始终有父母无微不至的照顾,所以他们会失去危机意识,导致长大成人之后面对生活的困境非常被动。因而明智的父母不会不假思索地扶起孩子,而是会让孩子自己站起来,让孩子凭着自己的力量渡过难关，在此过程中，孩子才能不断成长，也才能更有力量。

让孩子意识到恶习的严重后果

所谓初生牛犊不怕虎，在孩子身上，这句话得到了明显的表现。因为年幼，不知道各种行为可能引起的严重后果，所以孩子们在做人做事的时候都没有分寸，往往是由着性子去做，即使被父母提醒要小心防范可能出现的危险，也依然怀着无所谓的态度。对于孩子这样的表现，很多父母常常觉得抓狂，因为他们不知道如何才能改变孩子的固执，避免孩子继续沉浸在无知的状态中。

其实，有一个问题是值得为人父母者思考的，那就是父母到底是要把孩子所有可能遇到的危险都想在前面，从而避免孩子陷入困境，还是要让孩子自己去尝试，去感受各种危险？如果父母选择前者，则固然可以把孩子保护得很好，但是也由此导致一个严重的问题，即孩子非常依赖父母，在绝对安全的环境中从来意识不到危险的存在，而且对于自己该做哪些事情，不该做哪些事情，孩子也不甚明了。尤其是当孩子犯错误的时候，如果父母不能让孩子意识到犯错误的严重后果，就无法促使孩子改正。毋庸置疑，正确的做法是选择后者，当然，不是眼睁睁地看着孩子碰得头破血流，而是在保证孩子安全的情况下，尽量让孩子去尝试，去承担后果，这样孩子才会对自己的行为有准确清晰的认知，也才能最大限度约束自己。对于孩子而言，这就是成长。由此可见，父母对孩子过度保护并不好，只有给予孩子适度的空间去发展，去自由地成长，才能既有收获，又有付出，既有成功，又能承担失败的后果，这样孩子才会更加理解行为与结果之间的关系，也能更慎重地管理好自己的言行举止。

自从乐乐上了六年级，妈妈就给乐乐配备了手机，因为乐乐每天独立上学和放学，所以经常要用到手机和爸爸妈妈联系。然而，乐乐经常忘记给手机充电。一天晚上，妈妈和乐乐说好第二天在学校附近的路口见面，带上乐乐去喝喜酒，但是乐乐却没有给手机充电。其实，妈妈留意到乐乐的手机没电了，需要充电，但是妈妈想到：总不能一直这样提醒他，也该让他吃点儿苦头，长点儿记性，这样他下次才能想着充电。就这样，妈妈没有提醒乐乐。次日，乐乐在学校附近的路口等了很久，妈妈也没有出现，当他拿出手机想给妈妈打电话的时候，却发现手机已经电量耗尽关机了。为此，乐乐非常懊恼，想要回家，又怕妈妈来了找不到自己，只有站在那里干等着。其实，妈妈这个时候正在附近观察着乐乐呢，看到乐乐急得抓耳挠腮的样子，妈妈反而觉得很高兴。

估摸着乐乐已经很着急了，妈妈才出现。这个时候，乐乐急迫地问妈妈："妈妈，你怎么才来啊，急死我了！"妈妈轻描淡写地说："单位里临时有点事情耽误了，你着急怎么不给我打电话呢？"妈妈的提问让乐乐当即意识到，妈妈好几次提醒他提前为手机充好电，而正是因为他忘记充电，才导致自己站在路口等了半个多小时。乐乐自知理亏，小声说："手机没电了。"妈妈不置可否，不像以前那样严厉批评乐乐，而是说："哦，没有手机还是很不方便的啊，有了手机却没有电，和没有手机一样。"事实正如妈妈所预期的那样，乐乐后来牢牢记住了提前给手机充满电这件重要的事情，再也没有因为手机没电而耽误事了。

在这个事例中,妈妈的做法很有技巧性,也非常高明。如果妈妈和以前一样提醒乐乐给手机充电,那么乐乐就不会这么切身感受到手机没电给生活带来的不便。妈妈故意不提醒乐乐,又提前到达约定的地方躲藏起来,从而保证乐乐的安全。在这种情况下,妈妈亲眼见证了乐乐想打电话却没有手机可用的窘迫,所以也就不需要再严厉批评乐乐,因为乐乐已经受到了现实的教训。正如妈妈所预期的那样,乐乐在经历这件事情之后牢牢记住给手机充电的事情,而妈妈也避免了一味地提醒和催促乐乐,也不会引起乐乐的厌烦和逆反心理,可谓一举数得。

作为父母,可以凡事都替孩子想在前面,但是不要凡事都为孩子做在前面。在保证孩子安全的情况下,父母可以给予孩子一定的教训,让孩子在特定的事情之中感受到"切肤之痛",这可比父母一味地提醒和催促孩子来得更好。当然,要想做到这一点,父母要有自控力,很多父母一旦意识到孩子可能会遇到难题,马上就冲锋陷阵在前帮助孩子解决问题,这样一来,孩子永远也无法得到切实有效的教训。父母能hold住,孩子才能有更深刻的感悟,所以作为父母再也不要不顾一切地冲锋在前,而要努力控制好自己,才能给予孩子更多的机会去长尝试,去感受,去自我反省和努力提升自己。

用故事来告诉孩子深刻的道理

很多父母都会发现,当喋喋不休教育孩子的时候,孩子总是会表现出不耐烦的表情,甚至很厌烦父母唠唠叨叨。为此,有些父母很生气,觉得孩子不理解父母的苦心，也因而对孩子态度恶劣，甚至恶狠狠地训斥孩子。实际上，孩子原本就缺乏耐心，心智发展也不够成熟，对于父母的教诲心生反感，完全是正常表现。在这种情况下，父母与其抱怨孩子，不如努力调整自己的教育方式。例如可以把枯燥地给孩子讲道理，变成把道理寓于故事之中，这样孩子在听故事的同时领悟道理，自然觉得生动有趣，而且也会受到启迪和教育。

每个孩子都喜欢听故事，是因为故事的情节生动有趣，孩子往往会更加专注地进入故事情节中，也会主动自发地进行深刻地思考。枯燥地讲道理，就像是填鸭式教学，而讲故事则容易激发起孩子的兴趣，让孩子从被强迫着吸取知识，到主动吸取知识，这对于孩子的成长具有至关重要的意义。

一段时间以来，妈妈发现乐乐有一个不好的苗头，那就是非常消极，不管做什么事情，都是消极思想占据主导地位，遇到小小的困难，就想要放弃，言谈举止之间都写满了"我不想努力"。面对这样的儿子，妈妈觉得非常苦恼，因为她很清楚，如果乐乐总是这样消极怠工，最终会一事无成。为此，妈妈不止一次在听到乐乐的消极言论时批评乐乐，但乐乐都无动于衷，听得多了，还会对妈妈的啰唆感到厌烦，恨不得马上离开妈妈远远的。

有一次，妈妈承诺要在乐乐期中考试之后带他去吃寿司，后来，妈妈又开玩笑说要考得好才能吃寿司，乐乐原本对能吃寿司欢呼雀跃呢，马上又说："好吧，我就觉得对于吃寿司这件事情不能抱着太大的希望。"原本妈妈就对乐乐爱放弃的思维习惯很恼火，听到乐乐这么说，妈妈劈头盖脸对着乐乐一通数落。看到乐乐沮丧的样子，妈妈又觉得这样打击乐乐也不是办法，因而决定给乐乐讲个故事。

很久以前，有个工人在一个冷冻工厂里干活。在下班前，这个工人进入一个冷柜寻找东西，在找到东西之后，却发现自己被锁在冰柜里，无法出去。工人恐惧极了，当即大喊大叫起来："救命啊，谁来救救我！"然而，他的工友们都已经下班了，没人留意到他被锁在冰柜里。次日，当其他工人来上班的时候，在冰柜里发现了已经冻死的他。让人们感到奇怪的是，当天冰柜并没有打开制冷，虽然温度比外面低一些，但是他并不至于冻死。而且，冰柜的空间也足够大，里面的氧气可以供给他一个人使用。最终，尸体解剖的结果显示，他就是被冻死的，他的一切死亡症状都符合冻死的特征。心理学家在经过严密的推理之后得出结论，他并非被真正的低温冻死，而是被他心中的低温和绝望冻死。

讲完这个故事，妈妈又给乐乐讲了一个消极心理暗示和两个积极心理暗示的故事。乐乐听故事听得津津有味，在经过对比和思考之后，他得出一个结论：积极的心理暗示能帮助人获得成功，消极的心理暗示有可能让人失去性命。看到乐乐这么快就领悟到事例中深刻的道理，妈妈欣慰极了。

当父母把很多大道理灌输给孩子的时候，孩子未必能马上接受，也有可能因为逆反心理，对父母所说的话完全不放在心上。而当父母把深刻的道理蕴含在故事中讲给孩子听的时候，孩子因为对故事感兴趣，也许不需要爸爸妈妈指点，就能从中领悟到父母想传达给他们的意思。显而易见，这样主动领悟道理，比孩子被动地接受父母灌输的道理，效果更好，事半功倍。

针对不同年龄段的孩子拥有不同的理解能力，父母也要选择最适合孩子的故事。例如对于低年龄段的孩子，可以以童话为主。对于稍微大一些、具备一定理解能力的孩子，可以讲寓意深刻的寓言故事。对于青春期的孩子，还可以讲述身边的真人真事，或者讲述新闻中发生的真实案例给孩子听，会更有说服力。父母不要高估孩子的理解力，也不要小觑孩子的理解力，只要父母的表达能力足够强，孩子们总能领悟到父母的深刻用意，从而为成长获取更多的支持和帮助。

兴趣，是孩子最好的老师

常言道，兴趣是最好的老师，对于孩子而言，同样如此。每个孩子从呱呱坠地开始，就拉开了学习的序幕，就要通过不断地学习，掌握更多的知识和技能，也以更快的速度成长起来。孩子本身因为身心发展的限制，就缺乏自制力和毅力，因而很多孩子在做事情的时候会表现出三天打鱼两天晒网的特点。在这种情况下，如果没有兴趣的支持，孩子是很难坚持下去的。因而作为父母，在激发孩子的潜能时，一定要从兴趣着手。孩子有兴趣，父母要保护孩子的兴趣；孩子没兴趣，父母要培养孩子的兴趣。唯有如此，孩子才能不断地奋勇向上，成就每个阶段最好的自己。

需要注意的是，很多父母对于孩子的兴趣往往不以为然，甚至还会阻止孩子发展自己的兴趣爱好。不得不说，这样的父母是鼠目寸光，也很难真正激励孩子不断地成长。父母阻挠孩子发展兴趣的理由很多，最常见的理由是觉得孩子的兴趣爱好不够好，也担心孩子会把家里弄得乱

第 11 章
尝试新鲜的教育法，不断完善自己的教育手段

七八糟的。试问，哪个孩子不是从痴迷某种东西的过程中走过来的呢？兴趣不但可以激发孩子的力量，还可以让孩子形成专注的好习惯，这对于孩子未来的学习和成长都大有裨益。因而明智的父母会支持孩子发展兴趣爱好，也会巧妙地引导孩子的兴趣爱好，让孩子以兴趣为着眼点，让自己得到长足的发展。

跟其他家长一样，妈妈也为甜甜报名过兴趣班，但是甜甜上了一段时间之后就会打起退堂鼓，不愿意坚持下去。而且，甜甜在日常生活中也表现出好动的特点，妈妈很担心甜甜不能静下心来专注地做一件事情，这对于即将步入小学阶段、正式开始学习生活的甜甜而言，无疑是不利的。最近这段时间，妈妈发现甜甜特别喜欢玩乐高，为此，妈妈因势利导，当即就给甜甜报名参加了乐高机器人比赛，想借此发展甜甜的兴趣爱好，也可以培养甜甜的专注力。当然，专注力一旦养成，不仅仅是堆积木，也会让甜甜做其他事情的时候更加专心致志，这对于甜甜即将开始的小学学习生活无疑是很有利的。

孩子在成长的过程中总会遇到各种各样的难题，在大多数普通的家庭里，孩子面对的最大难题就是学习。然而，学习能力虽然很重要，但无法一下子提高。明智的父母知道，孩子的学习能力是综合能力，需要全方位多方面发展，才能有所提升。所以父母一定要关注孩子的学习，不要试图一下子就把孩子的学习能力大幅度提高，而要从点点滴滴的细节入手，从各个方面激励孩子，这样孩子才会身心健康，茁壮成长。此外，父母还要有意识地培养孩子在很多细节方面的能力，诸如引导孩子学会收拾玩具，还可以和孩子一起玩游戏，让孩子扮演相应的角色。这样不但可以激发孩子的兴趣，也可以让孩子在玩耍中提高自己的综合能

力，从而获得全方位发展。

当然，每个年龄阶段的孩子身心发展的水平也是完全不同的。父母在引导和教育孩子的过程中，还需要根据孩子的身心发展特点进行调整，这样才能做到因人而异，因材施教。就是对于同一个年龄阶段的孩子，他们也有不同的脾气秉性，也会表现出不同的性格特点，父母同样要兼顾孩子的个性特点，对孩子展开积极的教育和引导。

看玩具，加深对孩子的了解

随着孩子不断地成长，很多父母都感到焦虑不安，因为他们觉得自己越来越不认识孩子，也常常会在陪伴孩子成长的过程中遭遇困境，不知道未来的路应该怎么走，才会有更多的收获，获得更好的结果。的确如此，孩子小时候对于父母是完全透明的存在，父母负责照顾孩子的吃喝拉撒、衣食住行，孩子也非常依赖和信任父母。可以说，在幼儿园和小学中低年级阶段，孩子对于父母还是完全敞开的。然而，当孩子进入小学高年级阶段，或者初中阶段，父母会发现那个一放学就小嘴吧嗒吧嗒主动和父母讲述学校里情况的孩子不见了，取而代之的是一个有些心事、略显深沉的少年。也许前一段时间父母还为孩子的聒噪而烦恼呢，却发现孩子不知不觉之间就变得越来越深沉，也更加内向。有的时候，父母面对这个看不透的孩子着急了，主动询问孩子一些情况，孩子都不愿意回答父母，更不想对父母敞开心扉。父母真的很着急，他们希望了解孩子的想法，却又撬不开孩子的嘴巴。这可怎么办呢？

第 11 章
尝试新鲜的教育法，不断完善自己的教育手段

明智的父母会发现，孩子的玩具能暴露很多信息。现代社会，随着经济的发展，人们的生活水平越来越好，和几十年前的孩子只有最简单粗糙的手工玩具相比，如今的孩子有太多精致、先进的玩具。当大量玩具汇集在一起的时候，是可以读出孩子内心的。或者，父母还可以从孩子现在最喜欢玩的玩具上，发现孩子的心理动态。当然，父母要想掌握这样的读心术，必须非常用心，也要对孩子有一定的了解，再结合孩子在日常生活中的表现，父母就可以大概推断出孩子的情绪情感和心理动态。

乐乐要过12周岁的生日，送什么礼物给乐乐让妈妈绞尽脑汁，却茫无头绪。乐乐小时候，妈妈清楚地知道乐乐喜欢什么，也能够送最合心意的礼物给乐乐。但是现在乐乐长大了，已经是十二岁的少年了，妈妈还真是不知道乐乐到底需要什么、喜欢什么。看着家里闲置的一些玩具，妈妈很发愁。

一天晚上，妈妈正在淘宝上为乐乐选购礼物呢，爸爸看到妈妈愁眉紧锁的样子，建议妈妈："你为何不问问乐乐喜欢什么呢？这样不但可以看出乐乐的心理状态，还可以给他一份合心意的礼物，不是一举两得么？"爸爸的提醒让妈妈茅塞顿开，妈妈觉得这是个好主意，因而当即对爸爸说："好的，我明天找个合适的机会就问他，正好我也纳闷他现在想什么呢！也许能从玩具上看出端倪，这真是个好主意。"

次日，妈妈问乐乐想要什么玩具，乐乐想了想，说："我想要一块手表，还想要一个望远镜。"乐乐要的这两个礼物完全出乎妈妈的意料，在此之前，乐乐最喜欢轨道车。妈妈暗自庆幸：幸好我没有自作主张给他买个轨道车，否则就糟大了。妈妈问乐乐："你为啥要手表啊，

不是有手机吗？"乐乐说："在学校的时候，手机是不能拿出来的，但是手表可以戴着，这样我就可以及时看到时间。尤其是在考试的时候，就不会出现试卷做不完的情况了。"妈妈对乐乐的回答竖起大拇指，又问乐乐："那么望远镜呢？"乐乐笑了，说："望远镜当然是为了用来望远处的。每次出去玩的时候，我都看不清楚远处有什么东西，有了望远镜，我就可以看得很远。"妈妈当即表态："你的理由非常充分，妈妈愿意破例送你两个礼物。"

晚上，妈妈和爸爸说起乐乐索要的礼物，爸爸感慨地说："乐乐真的长大了，成为了小小男子汉，咱们还以为他依然小着呢！"

在这个事例中，通过乐乐索要的礼物，爸爸妈妈对乐乐这个大男孩有了更加深刻的认知，又意识到随着时间的流逝，乐乐在不断地成长，再也不是那个不谙世事的孩子，也开始为自己的学习和生活做计划，进行合理安排。这当然是让爸爸妈妈备感欣慰的。

在人际交往中，一切良好的人际关系，都要建立在顺畅沟通的基础上。如果沟通存在很大的问题，无法顺利进行，那么人与人之间就会产生隔阂。虽然父母与孩子之间的关系是非常亲密无间的，但是这并不意味着父母是孩子肚子里的蛔虫，对孩子的所有想法都了然于胸。当孩子还小，他们当然愿意把一切都告诉父母，把想说的话都向父母倾诉。然而等到孩子进入小学高年级，尤其是进入初中阶段，他们就不愿意继续当父母眼中的透明人，而是会渐渐地疏远父母，拥有自己的小秘密。在这种情况下，父母要想了解孩子，以直截了当的方式显然行不通，那么就可以旁敲侧击，也可以通过观察孩子更喜欢什么玩具，来间接地洞察孩子的内心。

不要让孩子"唯父母是图"

很多父母都希望孩子将来顶天立地，成为真正的人生强者，但是他们在教养孩子的过程中却完全忘记了这个远大目标，而陷入一个错误的困局中，那就是希望孩子听话，越听话越好，最好做到对父母言听计从的程度，这样可以有效减轻父母养育孩子的负担，也降低父母教育孩子的难度。然而，父母从未想过，这样"唯父母是图"的孩子，长大之后如何支撑起自己的人生，在生命中有更好的表现呢？

的确如此。孩子很难在对父母言听计从的同时，却又有自己的独立主见，在遇到很多问题的时候都能独当一面。通常情况下，那些一味地听信父母之言的孩子，往往都是胆小怯懦，唯唯诺诺的。他们性格软弱，喜欢依附于他人，依赖性很强，而缺乏独立自主性。显而易见，这样的孩子即使长大成人，也没有气魄，更不可能做出伟大的成就。父母要想让孩子将来出人头地，与众不同，取得令人瞩目的成就，就要从小培养孩子的独立自主性。也许有的父母会说，我不想让孩子引人注目。不得不说，哪怕是作为普通人，也需要独立的主见，也需要在人生中表现出勇往直前的气魄。常言道，人生不如意十之八九，很少有人能够一帆风顺地度过一生，所以作为父母，不要总是过度保护孩子，也不要总是为孩子排除一切风险，更不要代替孩子做所有的决定。否则就会导致孩子的思想被禁锢，在遇到人生中的很多情况时，他们根本无法勇敢地面对，而只会逃避。

父母必须意识到，自己再爱孩子，也不可能陪伴孩子一辈子。归根结底，孩子要靠着自己走完人生之路，也要独自面对人生的风风雨雨。

所以只有糊涂的父母才会全方位保护孩子，而明智的父母会更加注重培养孩子独立自主的能力，当孩子们对父母的各种言论表示反对的时候，他们不但不生气，还会赞许孩子有独立的思想，也有敢于表达的勇气。这样的孩子才能打破父母的禁锢和束缚，在人生的道路上更加勇往直前，闯出属于自己的一片天地。

　　一天，读三年级的彤彤在学习的过程中遇到一道难题，为此她拿着题目去向妈妈求教。看到题目之后，妈妈一时之间也无法给出答案，因而对彤彤说："彤彤，这道题目妈妈也不会做，你先去做其他题目，给我点儿时间，让我认真想一想。"听到妈妈也不会做这道题目，彤彤觉得很惊讶："妈妈，你不是初中老师吗？这可是一道小学的题目啊，你怎么可能不会做呢？"妈妈笑起来，对彤彤说："彤彤，没有人会做所有的题目，每个人都要保持终身学习的好习惯，才能不断地进步。虽然这是一道小学的题目，但是思维很灵活，妈妈一时之间还转不过来这个弯，所以需要想一想。你也要记住，不要觉得某个在某些方面比自己强的人就一定是对的，因为是人都会犯错误，知道吗？要怀着探求和质疑的精神，行走在学习的道路上。学无止境，就是这个道理。"

　　彤彤对妈妈的话似懂非懂，但是她觉得妈妈说得很有道理，因而点点头，问妈妈："那么就是说，老师也有可能出错吗？"妈妈点点头，说："当然。如果你对老师给出的答案有异议，可以第一时间去问老师，和老师交流讨论。说不定你就发现了老师的一个错误，老师一定很高兴你为他指出错误，也说不定你会发现是你想错了，那么你也能够改正自己的错误想法，岂不是很好吗？"彤彤这下次彻底明白了，说："嗯，妈妈，我会用心思考的。"后来，妈妈和彤彤一起交流、讨论，最终做出了那道难题，彤彤觉得很自豪，告诉爸爸："爸爸，这道题目是我和妈妈一起想出来的！"

父母与孩子之间的关系，不应该是父母说什么，孩子就信任什么，也不应该是父母为了维护自己所谓的权威，在孩子面前不懂装懂。而应该是父母能够坦白向孩子承认自己也有不会的地方，从而与孩子平等地交流，彼此启发思想，最终共同找到正确的答案。当父母总是强迫孩子听自己的，渐渐地，孩子就会失去独立思考的能力，总是不假思索地认为父母所说的一切都是对的，也会对父母言听计从。所谓金无足赤，人无完人，这个世界上根本没有人是无所不知的。所以面对父母的话，孩子也要勇敢地质疑，这样孩子未来走上人生之路的时候，才不会盲目迷信任何人，而是有自己的思想，有独立的见解，也有相信自己的勇气。

很多父母担心当孩子质疑自己的时候，会损害自己的权威。其实，只有在封建社会里，父母才追求所谓的权威，而现代社会讲究人人平等。父母可以要求孩子尊重自己，尊重长辈，而不要追求所谓的权威。有的时候，权威会让人迷信，而明智的父母不想让孩子迷信，更不想让孩子在迷信权威中迷失自己。对于每个人而言，敢于坚持自己的思想，发出自己的声音，挑战权威，都是非常重要的。对于孩子而言，更是如此，甚至会决定孩子一生的发展。父母为了激发起孩子的信心，还可以有意识地向孩子请教一些问题，这样一来，孩子的自主学习能力和兴趣都会大大增强，他们也会为自己能够与父母平等地讨论问题而感到骄傲和自豪。给孩子爱与自由，不也正在于此吗？加油吧，每一位爸爸妈妈！

参考文献

[1]宋捷.这样教，孩子才会服你管[M].北京：商务印书馆，2012.

[2]成墨初.管教：决定孩子一辈子的事[M].贵州：贵州人民出版社,2013.